Alfred Reithofer

HeldenWege

Ganzheitliche Wege
zur dauerhaften Gesundung
der Alkoholkrankheit

Bibliographische Information der Deutschen Nationalbibliothek
Die Deutsche Nationalbibliothek verzeichnet diese Publikation in der Deutschen Nationalbibliografie; detaillierte bibliografische Daten sind im Internet über http://dnb.d-nb.de abrufbar.

Alle Rechte vorbehalten.
© Alfred Reithofer 2014
Kontakt: mail@heldenwege.de

Umschlaggestaltung:
Alfred Reithofer und Susanne Pieper
Fotos: Susanne Pieper

Herstellung und Verlag:
BoD – Books on Demand, Norderstedt

ISBN-13: 9783735718792

Das Werk und seine Teile sind urheberrechtlich geschützt. Jede Nutzung in anderen als den gesetzlich zugelassenen Fällen bedarf der vorherigen schriftlichen Einwilligung des Autors.
Weder das Werk noch seine Teile dürfen ohne Einwilligung eingescannt und in ein Netzwerk eingestellt werden. Das gilt auch für Intranets sämtlicher Einrichtungen.

Für

Nina, Sophia, Dorothea und Linus

Dieses Buch habe ich für Männer und Frauen geschrieben. Da ich selbst jedoch ein männlich sozialisierter Mann bin, das Buch aus meiner Perspektive geschrieben habe und es verständlich lesbar bleiben soll, habe ich die Personen meist männlich benannt. Damit möchte ich weder Frauen noch sonst irgendwen ausschließen.

Alkohol ist Dein Sanitäter in der Not,
Alkohol ist Dein Fallschirm und Dein Rettungsboot,
Alkohol ist das Drahtseil, auf dem Du stehst,
Alkohol ist das Boot, mit dem Du untergehst.

Songtext von *Herbert Grönemeyer*

Vorwort

Beim vorliegenden Buch handelt es sich um meine gesammelten Aufzeichnungen, Gedanken und Anmerkungen über die Thematik der Alkoholerkrankung und deren dauerhafte Heilung. Sie wurden so niedergeschrieben, wie sie mir während meiner eigenen Heilung in den Sinn kamen.

Mein vorrangiger Anspruch ist dabei, bereits Gedachtes, Gesagtes und Niedergeschriebenes von weiteren Betroffenen, Denkern, Philosophen, Psychologen, Therapeuten und Naturwissenschaftlern, neu zusammenzustellen und deren Aussagen in den Kontext „Alkoholerkrankung und deren Heilung" zu stellen.

Mein zweiter Anspruch ist es, keine der benannten Methoden zu bevorzugen.

Wie heißt es so schön: „Viele Wege führen nach Rom!"

In meinen Augen gibt es keinen absolut richtigen Weg, um dauerhaft ohne Alkoholkonsum zu leben. Deshalb soll diese Schrift nur mögliche Wege aufzeichnen und den Leser – auch den, der kein Alkoholproblem für sich sieht – einladen, sich über seine Gesundheit Gedanken zu machen.

Alkoholismus ist eine individuelle Erkrankung und bedarf immer, wie andere Erkrankungen auch, einer individuellen Heilung.

Dies zeigten mir zum Beispiel die unterschiedlichen Einrichtungen auf, in denen ich entweder nur einen körperlichen Entzug vornahm oder eine Kurz- bzw. Langzeittherapie anstrebte.

In manchen Einrichtungen wurde ich regelrecht weggesperrt, zur regelmäßigen Arbeit gezwungen oder verrichtete eigenverantwortlich ein selbstgestecktes Arbeitspensum. In anderen Einrichtungen hatte ich die größtmögliche, medizinisch und therapeutisch vertretbare Freiheit. Sowohl Methoden wie Einzel- oder Gruppengespräche, die Unterbringung in Schlafsälen, Doppel- oder Einzelzimmern waren möglich, als auch in einigen Einrichtungen das Experimentieren mit der Methode des kontrollierten Trinkens.

So wie es diese unterschiedlichen Einrichtungen mit ihren individuellen medizinischen und therapeutischen Ansätzen und Methoden gibt, die alle ihre Berechtigung und ihren Erfolg haben, gibt es dennoch kein philosophisches, psychologisches und neurologisches Patentrezept.

Wir sind nicht alle gleich und wir haben auch nicht aus dem gleichen Grund begonnen, am Alkohol zu erkranken.

Rosenheim, im Frühjahr 2014

Alfred Reithofer

Inhaltsverzeichnis

1. Einleitung	1
2. Zwischen Anerkennung und Akzeptanz	5
3. Das Haus der Veränderung	11
4. Zum Zusammenhang zwischen Gesundheit und Krankheit	17
5. Die erste Gesundung – auf der körperlichen Ebene	27
5.1. Ursachen der körperlichen Erkrankung	29
5.2 Stabilisierung des entgifteten Körpers	37
5.2.1 Meditation	37
5.2.2 Rituale	43
5.2.3 Bioenergetik	47
5.3 Suchtverlagerung	49
6. Die zweite Gesundung – auf der kognitiven Ebene	51
6.1 Ursachen der geistigen Erkrankung	53
6.2 Stabilisierung des vergifteten Geistes	59
6.2.1 Eingeständnis	59
6.2.2 Vorüberlegungen	65
6.2.3 Kapitulation	69
6.2.4 Gegenkonditionierung	75
6.2.5 Andere Wege	81
6.2.6 Andere Gewohnheiten	83
6.2.7 Andere Freunde	87
6.3 Suchtverlagerung	89
7. Die dritte Gesundung – auf der seelischen Ebene	91
7.1 Ursachen der seelischen Erkrankung	93
7.2 Wut und Versöhnung	101
7.3 Stabilisierung unseres ICHs	107
7.3.1 Akzeptanz, dass die Seele eine andere Sprache spricht	107
7.3.2 Das Selbstwertgefühl	117
7.3.3 Das Kind in uns	128
7.3.4 Religiöse und spirituelle Erkenntnisse	134
7.3.5 Esoterische Erkenntnisse	139
7.4 Suchtverlagerung	143
8. Schlussgedanken	147
9. Danksagung	153
9.1 An meine Frau	155
9.2 An meine Selbsthilfegruppe	157
9.3 An meine Lektorin	159
9.4 An meine Erstleser	161

1. Einleitung

Jeder Mensch ist einzigartig. Einzigartig in seinem Aussehen, Empfinden, Wahrnehmen, Denken, Fühlen und Handeln. Jeder empfindet Schmerz, Wut, Angst, Hunger, Verlust, Schlaf und Freude anders. Betrachten wir ein Bild, eine Situation im Straßenverkehr, eine Unterhaltung, so kommen wir zu unterschiedlichen Betrachtungsweisen, Aussagen, Ansichten oder Empfindungen.

Hierzu ein Beispiel aus dem Alltag:

Nach einer durchzechten Nacht mit Freunden, haben Sie von allen den schlimmsten Kater. Sie haben die stärksten Kopfschmerzen, den empfindlichsten Magen, die dunkelsten Augenringe und die größten Koordinationsschwierigkeiten. Den anderen „Saufbrüdern" geht es auch nicht gut, aber Ihnen geht es von Allen am schlechtesten. Interessant ist aber, dass die anderen das Gleiche von sich denken.

Wir trinken, weil wir die schlimmste Kindheit von Allen hatten, den cholerischsten und brutalsten Vater, die desinteressierteste Mutter, die selbstbezogensten Geschwister, die menschenverachtendsten Erzieherinnen und die selbstgefälligsten Lehrer.

Wir trinken, weil wir die Einzigen sind, die so massiv von den Arbeitskollegen gemobbt werden, von den sogenannten Freunden belogen und von den Frauen oder Männern, in die wir uns verliebt haben, unerwartet verlassen werden.

Wir trinken, weil wir die Einzigen sind, die nicht den Job angeboten bekommen haben, der uns eigentlich zusteht. Wir trinken, weil wir die Einzigen sind, die täglich einen Job ausüben, den wir eigentlich – nüchtern betrachtet – überhaupt nicht machen wollen.

Wir trinken, weil wir die Einzigen sind, die in einer Wohnung mit einer Einrichtung leben, die unter unserem Niveau ist.

Sind wir nicht einzigartig? Wenn wir so einzigartig sind, dann sind wir auch die Einzigen, die daran etwas ändern können! Doch diese Veränderungsbereitschaft bedarf auch eines einzigartigen Mutes. Mut heißt, trotz unserer Ängste, Befürchtungen und Einwände, etwas anderes auszuprobieren. Mut heißt nicht, keine Angst zu haben. Ganz gewiss nicht! Doch je mutiger wir werden, desto mehr weicht auch die Angst. Angst macht uns eng. Angst macht uns klein.

Wie wollen wir unsere Alkoholkrankheit überwinden, wie wollen wir gesunden, wenn alles in uns klein, eng und ängstlich ist?

Es ist bequem, ängstlich in der Ecke zu sitzen und nach Hilfe zu rufen. Doch sind wir dann nicht wie kleine, eingeschüchterte Kinder oder senile, gebrechliche und auf fremde Hilfe angewiesene alte Menschen?

Mut heißt, in Bewegung zu kommen! Doch diese Bewegung kostet Kraft. Mit dem Trinken aufzuhören bedeutet die Angst, was kommen wird, wegzuschieben und den Mut zu finden, ein Abenteuer einzugehen, ohne den Weg zu kennen, aber das klare Ziel vor Augen zu haben.

Mit dem Trinken aufzuhören heißt, in Bewegung zu kommen. Und das bedeutet eine enorme Kraftanstrengung, sowohl körperlich, geistig als auch seelisch. Denn Trockenheit kommt nicht von alleine.

Um ein Sumpfgebiet trocken zu legen, muss es mit Hilfe von Gräben entwässert, umgegraben, Erde und Boden ausgetauscht, müssen verrottete Pflanzen ausgegraben und junge Pflänzchen neu eingesetzt werden.

Oder wir können versuchen, mit Hilfe von Sonnenenergie einen Sumpf in eine Wüste zu verwandeln. Doch ohne Energie, ohne das Dazutun von Arbeit, bleibt ein Sumpfgebiet ein Sumpfgebiet.

Doch nicht jedes Sumpfgebiet und die damit verbundene Technik der Trockenlegung, ist gleich. Ein Sumpfgebiet im Amazonas bedarf einer anderen Technik, wie eines im südlichen Indien.

Überschwemmte Auen benötigen wiederum andere Methoden. Grundüberlegungen und -techniken werden ähnlich sein, doch die dauerhafte Trockenlegung und die sich daraus ergebende wirtschaftliche Nutzung werden individuell und damit einzigartig sein, letztlich einzigartig, wie wir Menschen.

Und damit wird die dauerhafte Gesundung unserer Alkoholkrankheit ein ganz persönlicher und einzigartiger Vorgang sein.

Mit diesem Ratgeber möchte ich Ihnen Grundüberlegungen und Methoden für die körperliche, geistige und seelische Gesundung Ihrer Erkrankung anbieten und Ihnen Mut machen, in Bewegung zu kommen.

Die Kraft, die Sie dabei aufwenden, wird mit einer dauerhaften Gesundheit belohnt werden. Also, verlieren Sie nicht den Mut, wenn Sie mit „Muskelkater" abends ins Bett fallen. Jede große und nicht gewohnte Kraftanstrengung bringt Schmerzen mit sich. Aber lieber einen Kater in den Muskeln, als einen Kater vom Saufen.

2. Zwischen Anerkennung und Akzeptanz

In der Systemtheorie gibt es einen sehr schönen Ansatz: „Anerkennen was ist!"

Er bedeutet, nicht zu werten. Nicht etwas ausgrenzen oder etwas hinzufügen. Es ist nicht wichtig, Unangenehmes wegzulassen, oder nicht als gegeben und damit als unwahr zu deklarieren und Angenehmes hinzufügen, obwohl es nicht der Wahrheit entspricht.

Den systemtheoretischen Ansatz möchte ich Ihnen anhand eines Beispiels verdeutlichen:

Als mein Sohn vier Jahre alt war, spielten wir beide an einem verregneten Sonntagmorgen mit einer magnetischen Dartscheibe im Wohnzimmer. Mein Sohn war ganz aufgeregt und jedes Mal, wenn ein Spicker auf den Boden fiel, rannte er hin, um diesen aufzuheben und zu rufen: „Das ist jetzt meiner!" Voller Eifer verlor er zunehmend jegliche Vorsicht und rutschte so plötzlich strumpfsockig auf dem Holzboden aus und landete mit seinem Kinn auf der Kante unseres Sideboards. Sofort war unser Spieltrieb wie weggeblasen und ich fragte meinen Sohn, ob er sich wehgetan habe. Dies verneinte er. Gefühlte fünf Sekunden später lief das Blut stark aus einer Wunde an seinem Kinn herunter. Ich packte meinen Sohn und trug ihn ins Bad, wo ich ihm einen nasskalten Waschlappen an sein Kinn drückte. Trotz dieser Maßnahme lief das Blut über meine Hände auf den Boden. Meine Frau rief in der Zwischenzeit einen Krankenwagen.

Man entschied, meinen Sohn in das nächste Krankenhaus zu bringen. Dort wurde die Wunde mit neun Stichen genäht und wir konnten ihn im Anschluss wieder mit nach Hause nehmen. Bemerkenswert war bis zu diesem Zeitpunkt, dass mein Sohn kein einziges Mal über Schmerzen geklagt hatte.

War das der viel zitierte psychische Schock, der also unter psychischer Belastung den Schmerz beim Betroffenen ausblendet? Als wir dann wieder zu Hause waren und mein Sohn sowohl das Blut im Wohnzimmer und im Bad, als auch seine genähte Wunde am Kinn im Spiegel wahrgenommen hatte, machten sich die Schmerzen bemerkbar.

Ab diesem Zeitpunkt konnte mein Sohn das Geschehene anerkennen.

Was hat dieses Beispiel mit der Alkoholerkrankung zu tun?

Als Alkoholiker müssen wir unsere Erkrankung akzeptieren. Es geht nicht darum, unsere Alkoholsucht zu beschwichtigen, zu vertuschen, zu verstecken, zu beschönigen oder zu negieren. Wir müssen anerkennen, was ist!

Die Krankheit zu akzeptieren, ohne sie zu bewerten, sowohl im „Guten" („so viel trinke ich ja gar nicht", „die Anderen trinken viel mehr" oder „mein Gott, ein Gläschen zu viel, na und!" usw. usf.), wie auch im „Schlechten" („ich konnte einfach nicht anders" – „ich habe einen genetischen Defekt" – „es war ein stressiger Tag" oder „ich weiß, ich bin ein Versager, aber morgen…" usw. usf.).

Diese Bewertungen, bzw. dieses Nicht-Anerkennen, bringt uns in keinster Weise weiter. Es ist meiner Erfahrung nach der größte Blockierer und „Hauptverhinderer" einer erfolgreichen Heilung.

Ich kann erst von einer Krankheit geheilt werden, wenn ich die Krankheit als solche akzeptiere.

Jeder vernünftige Mensch nimmt Hilfe an, wenn der Arzt bei ihm Diabetes diagnostiziert. Keiner wird sagen: „Ich doch nicht. Kann ja nicht sein." Eventuell wird man sich eine ärztliche Zweitmeinung einholen. Sollte diese aber die Krankheit bestätigen, werden wir uns helfen lassen.

Die Frage, die ich mir zunächst stellen sollte, ist: „Bin ich überhaupt alkoholabhängig?" oder „Behaupten das nur Außenstehende wie Familienmitglieder, Freunde oder Arbeitskollegen?" Um das für mich im „stillen Kämmerchen" zu überprüfen, kann ich ins Internet gehen und mich einen empfohlenen AUDIT-Fragebogen unterziehen. Und genau hier ist oftmals der Hund begraben. Wir stellen uns quer, diesen Test zu machen! Wir wollen unsere Alkoholabhängigkeit nicht anerkennen!

Wir finden immer wieder Ausreden, wie in der Geschichte des kleinen Prinzen von Antoine de Saint-Exupéry, der den Planeten besucht, auf dem ein Säufer wohnt. Dieser Besuch ist sehr kurz, aber er taucht den kleinen Prinzen in eine tiefe Schwermut.

≫„Was machst du da?" fragt er den Säufer, den er stumm vor einer Reihe leerer und einer Reihe voller Flaschen sitzend antrifft. „Ich trinke", antwortete der Säufer mit düsterer Miene. „Warum trinkst du?" fragte ihn der kleine Prinz. „Um zu vergessen", antwortete der Säufer. „Um was zu vergessen?" erkundigte sich der kleine Prinz, der ihn schon bedauerte. „Um zu vergessen, dass ich mich schäme", gestand der Säufer und senkte den Kopf. „Weshalb schämst du dich?" fragte der kleine Prinz, der den Wunsch hatte, ihm zu helfen. „Weil ich saufe", endete der Säufer und verschloss sich endgültig in sein Schweigen. Und der kleine Prinz verschwand bestürzt. Die großen Leute sind entschieden sehr, sehr wunderlich, sagte er zu sich auf seiner Reise.«

Die Geschichte des kleinen Prinzen beim Besuch des Säufers erinnert mich sehr an eine Schlange, die sich selbst in den Schwanz beißt. Daher fällt es einem Außenstehenden schwer, den Anfang und das Ende der Schlange zu erkennen. Was ist Ursache, was ist Wirkung? Deshalb ist es auch so schwer, Hilfe von außen anzubieten.

Nur wir Betroffenen können uns selbst helfen, wenn wir unsere Krankheit („Ja, ich bin Alkoholiker!") und die sich dahinter befindende Dynamik („Was ist der wahre Grund, die ursprüngliche Ursache, die mich zum Alkoholkranken gemacht hat?") anerkennen, akzeptieren und damit anfangen, den Mut aufzubringen, mit voller Kraft an unserer Gesundung zu arbeiten.

Und natürlich gehört zu unserer Selbsthilfe die Unterstützung von außen, die sowohl eingefordert als auch angenommen werden darf. Wir brauchen unbedingt Hilfe. Zum Beispiel ein körperlicher Entzug ohne Fachpersonen (Ärzte und Krankenpfleger) und deren medikamentöse Unterstützung, kann im schlimmsten Fall tödlich ausgehen. Ein kalter Entzug ist leichtsinnig und lebensgefährlich.

Mit einer depressiven Verstimmung „im Gepäck" schaffen wir es nicht alleine, gesund zu werden. Alkoholiker benötigen am Anfang ihrer Gesundung unbedingt unterstützende Medikamente. Erst wenn der Körper und Geist sich stabilisiert haben, können wir im günstigsten Fall auf die medikamentöse Wirkung verzichten. Ohne ärztliche und chemisch-pharmazeutische Hilfe im Anfangsstadium unserer Gesundung werden wir nicht lange trocken bleiben. Gerade bei der Kombination Depression und Alkoholerkrankung ist es im Anfangsstadium schwierig, die tatsächliche Ursache zu bestimmen. Haben wir getrunken, weil wir unter Depression litten oder sind wir durch zu langen Alkoholkonsum depressiv geworden. Erst nach längerer Trockenheit kann die Ursache ermittelt und eine Heilung erzielt werden. Bei Durchhängern, nach dem Motto: „Das schaffe ich nicht mehr", bei Suchtdruck, der einem fast den Verstand rauben kann (ich weiß, wovon ich rede, dazu aber später mehr), brauchen wir Freunde, Leidgenossen, Partner oder ein aufmunterndes Wort von einem Bekannten, um durch diese schwierige Zeit zu kommen.

Diese Hilfe müssen wir aber einfordern. Nur wenn wir wirklich bereit sind, können wir die uns entgegengebrachte Unterstützung in vollen Zügen als Ressource für unsere Gesundung nutzen. Hilfe, ohne Selbsthilfe, Hilfe, ohne aufrichtige Annahme derselben, ist sinnlos und vergeudet.

3. Das Haus der Veränderung

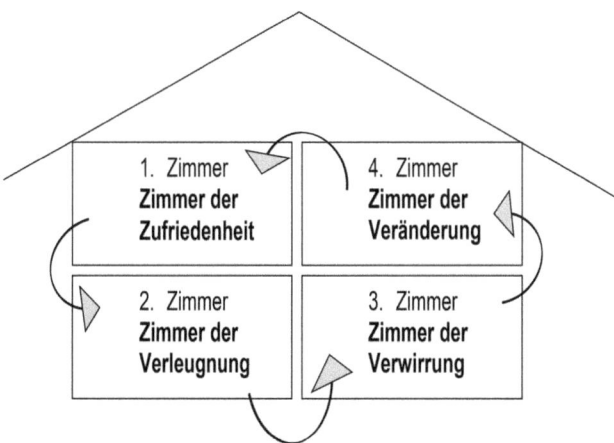

Wenn es darum geht, eine Veränderung in unserem Trinkverhalten zu erreichen, – wenn wir uns entschließen, eine Trinkpause einzulegen, um unseren Körper zu entgiften und unserer Leber einen „alkoholfreien Urlaub" zu gönnen oder einen lebenslangen Verzicht auf Alkohol anstreben, müssen wir uns immer im Klaren sein, dass diese Veränderung, bzw. der Veränderungswunsch nicht von heute auf jetzt funktioniert.

Wir werden bei dieser Veränderung auf Ablehnung, Verleugnung und Verwirrung stoßen. Doch diese Phasen gehören unumstößlich zur Veränderung.
Um diese Phasen verständlicher zu machen, möchte ich Ihnen zur Veranschaulichung das **„Haus der Veränderung"** aus dem *change management* vorstellen.

Das erste Zimmer ist das **Zimmer der Zufriedenheit**. Hier möchten wir das Erreichte, das Komfortable erhalten und machen das Beste aus der uns bekannten Situation, ohne einen Gedanken an eine Veränderung zu verschwenden. Wir trinken Alkohol, um uns zu belohnen, um abzuschalten, die aufsteigende Wut oder Verzweiflung zu unterdrücken, um gesprächig zu werden und um uns einfach wohl zu fühlen. Uns geht es mit uns selbst und der Situation, den Gedanken und den Gefühlen unter Alkoholeinfluss gut. Schauen wir uns um, so finden wir überall Menschen, die sich in diesem Zimmer befinden. Um dieses Zimmer, das heißt diesen Zustand zu erhalten bzw. auszubauen, haben wir angefangen, immer mehr Alkohol zu trinken. Wir fühlen uns sicher, „pudelwohl", und wollen dieses Zimmer eigentlich nie wieder verlassen.
Und so trinken wir weiter, bis sich, oftmals auf leisen Sohlen, Veränderungen einschleichen, die wir als unangenehm empfinden. Wir vertragen den Alkohol nicht mehr so gut, wir bekommen Kopfschmerzen, Magenbeschwerden, Freunde kehren uns den Rücken zu, in der Arbeit läuft es nicht mehr so gut usw. usf. Wir kennen ja alle diese unangenehmen Auswirkungen, den Alkohol so mit sich bringt.
Aber genau das möchten wir uns lieber nicht eingestehen, – was da Unangenehmes vor sich geht und vermeiden daher gänzlich die Auseinandersetzung.

Also gehen wir in das zweite Zimmer, das **Zimmer der Verleugnung** und Verneinung, um dort so zu tun, als sei alles in Ordnung, als hätten wir den Alkohol im Griff. Ganz tief in unserem Inneren empfinden wir jedoch Unbehagen und Frustration, hin und wieder sogar Angst. Wir alle kennen diese Verleugnungen. Wir gestehen uns und unserer Umwelt nicht ein, dass wir alkoholabhängig geworden sind. Jetzt beginnt die Zeit des Lügens. Wir beginnen, uns selbst und unsere Mitmenschen anzulügen.

Mein Bruder sagte einmal zu mir: „Ihr Alkoholiker seid alle Lügner!" Das ist eine harte Aussage, trifft aber den Kern. Den Kern der Verleugnung und Verneinung. Wir wollen unser Problem nicht wahr haben. Wollen nicht zugeben, dass wir nun alkoholkrank geworden sind. Wir möchten doch so gerne weiterhin im Zimmer der Zufriedenheit verweilen. Doch wir haben verspielt. Wichtig ist aus meiner Sicht, dass wir dieses Zimmer anerkennen. Anerkennen, dass die Verleugnung zum Krankheitsbild gehört. Und dass wir uns in diesem Zimmer auch befinden dürfen, wenn nicht sogar müssen, damit es weitergehen kann und damit wir zu einer dauerhaften, aus uns selbst erarbeiteten Lösung aus der Alkoholsucht finden können. Bis es soweit ist, wird unsere Sehnsucht nach dem Zufriedenheitszimmer vorherrschen und wir werden oftmals noch mehr Alkohol trinken und weiterhin in diesem Zimmer verweilen.

Irgendwann kommt ein Zeitpunkt, an dem wir doch so weit sind, uns selber einzugestehen, dass es mit unserer „Sauferei" so nicht mehr weitergehen kann und wir aus dieser Abwärtsspirale herauskommen müssen. Aber wie soll dieser Ausstieg gehen?

Damit betreten wir das dritte Zimmer, das **Zimmer der Verwirrung**. Hier herrscht große Sorge und Angst, denn es wird klar, dass man im Schlamassel sitzt und dass es kein Zurück mehr gibt. Im „Verwirrungsraum" kommt man vom Regen in die Traufe.

„Wie komme ich aus dieser Abhängigkeit heraus? Wer kann mir helfen? Ist mir überhaupt noch zu helfen?" Viele von uns verlieren sich auch in diesem Zimmer, bleiben stehen und kommen nicht weiter. Ich kenne Leute, die fangen an, alles im Internet und in Büchern zum Thema *Alkoholerkrankung* zu sammeln und zu studieren. Stöbern Internetforen und -blogs durch. Doch diese fast unüberschaubare

Vielzahl an Tipps und Tricks kann auch dazu beitragen, dass wir noch verwirrter werden. Zum Beispiel äußert sich jemand in einem Forum über die Heilwirkung von *Campral* als Anticarvingmittel, doch wird in einem anderen Forumsbeitrag geschrieben, das *Campral* überhaupt keine Heilung bewirkt, sondern ein übteuertes Medikament ist, das nur einen Zweck hat, nämlich die Kassen der Pharmaindustrie zu füllen. „Was jetzt?", fragt sich da einer, „soll ich den Arzt auf *Campral* ansprechen oder lasse ich es bleiben? Ich bin total verwirrt!". Je mehr wir uns mit unserer Krankheit und deren Linderung bzw. Heilung beschäftigen, desto tiefer treten wir in das Zimmer der Verwirrung ein. Ich weiß noch sehr gut, wie ich angefangen habe, mich mit meiner eigenen Alkoholerkrankung und deren Gesundung zu beschäftigen. Am Anfang dachte ich mir: „Wer und was kann mir helfen?" Nach kürzester Zeit musste ich feststellen: „Jetzt kenne ich mich überhaupt nicht mehr aus. Was nun? – Stationär oder ambulant entgiften? Kurzzeit- oder doch lieber eine Langzeittherapie? Wer ist denn überhaupt aus medizinischer Sicht für mich zuständig und kann mir weiterhelfen, der Hausarzt oder ein Psychologe? Was muss ich denn als Erstes angehen? Usw. usf. Sie kennen sicher all diese Überlegungen.

Wichtig ist, dass wir uns diese Verwirrung eingestehen und sie auch laut äußern müssen. Einem Bekannten, der selbst die Hölle *Alkohol* durchgemacht und sie erfolgreich überwunden hat, habe ich meine Verwirrung und meine Bedenken „gestanden".

Er hat mich „an die Hand genommen" und mich in das vierte Zimmer, das Zimmer **der Veränderung**, geführt. In diesem inneren Raum entsteht ein Bild der gewünschten Zukunft mit den zarten Blüten der Umsetzungsmöglichkeiten. Die Verwirrung nimmt ab, wir finden die ersten Ansätze einer für uns gang- und damit greifbaren Veränderung. Hier werden unsere Gedanken und Wünsche – endlich alkoholfrei zu leben – in die Tat umgesetzt und Neues ausprobiert. Es werden neue Erfahrungen gemacht und es wird aus scheinbaren Rückschlägen gelernt. Das Gefühl der Selbstsicherheit, der Orientierung und der Handlungsfähigkeit kehrt langsam zurück. Jetzt ist es an der Zeit, die Tür zum **Zimmer der Zufriedenheit** und diesmal, ohne Alkohol, wieder zu öffnen.

4. Zum Zusammenhang zwischen Gesundheit und Krankheit

Es ist immer wieder interessant, mit wie viel Eifer wir Menschen uns mit dem Thema *Krankheit* auseinander setzen. Wenn ich nichts zu sagen habe, dann rede ich eben über das Wetter oder über das Lieblingsthema *Krankheit*. Je außergewöhnlicher, spektakulärer eine Krankheit ist, desto mehr Aufmerksamkeit schenkt man ihr.

Beliebt sind Krankheiten, die von unseren Mitmenschen körperlich und geistig leicht nachvollziehbar sind, wie zum Beispiel Knochenbrüche, Verbrennungen, Erkältungen, Diabetes, Gastritis, Rückenschmerzen, Hexenschuss, bis hin zu Bandscheibenvorfällen. Das liegt hauptsächlich an unseren Spiegelneuronen. Wir können uns gut in den Erkrankten hinein versetzen und insgeheim hoffen, dass uns das gleiche Schicksal nicht ereilt.

Wie viel Geld verschlingt die Erforschung neuer Medikamente? Wie viel Geld geben wir in unserem Leben für Medikamente, Kuren, Nahrungsergänzungsmittel usw. aus? Dabei spielt es keine Rolle, ob dies die Krankenkassen oder wir privat bezahlen; bezahlen müssen wir es so oder so.

Reden wir mit dem gleichen Eifer aber auch über unsere Gesundheit? Können wir uns stundenlang über die neueste Gesundung unterhalten und Tipps und Tricks von anderen annehmen? Eher nicht. Tipps und Tricks ja, aber nur, wenn es gegen die Krankheit hilft.

Dabei gehören Gesundheit und Krankheit zusammen. Es gibt keine Gesundheit ohne Krankheit und auch keine Krankheit ohne Gesundheit. Wären wir zu 100% gesund, wären wir beinahe unsterblich. Wären wir dagegen 100%ig krank, dann wären wir tot.

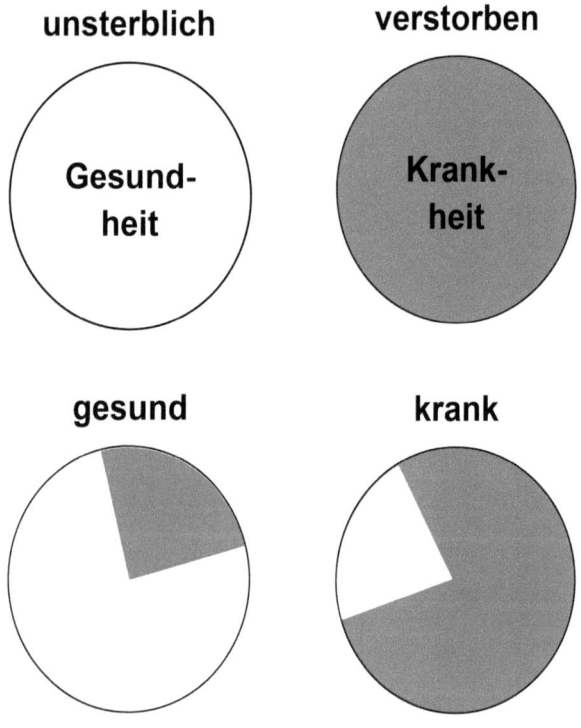

Denken wir an einen Sonnenbrand: Hautzellen sterben ab und erneuern sich wieder. Zellen sterben und andere entstehen. Ein erwachsener Mensch besteht aus 100 Billionen einzelner Zellen, wobei ca. 50 Millionen Zellen pro Sekunde absterben. Aber genauso viele Zellen werden pro Sekunde auch wieder neu gebildet (die Sterbe-Erneuerungsbilanz nimmt mit zunehmendem Alter zu Gunsten der Sterbehäufigkeit zu, das heißt, es werden weniger Zellen neu gebildet).

Ein anderes Beispiel aus der Tierwelt: Wenn eine Schlange wächst, stirbt die ihr zu „kleine Haut" ab, damit eine „größere" Haut nachwachsen kann. Diesen Prozess des Sterbens und Erneuerns nennt man auch umgangssprachlich Leben.

Wenn es also um die Krankheit „Alkohol" geht, dürfen wir nicht vergessen, dass nicht nur Krankheit in uns vorherrscht, sondern auch ein gesunder Anteil in uns vorhanden ist.

Natürlich geht es in erster Linie darum, die Krankheit zu akzeptieren und jegliche Hilfe in Anspruch zu nehmen, um diese Krankheit einzudämmen bzw. sie zu minimalisieren. Im Gegenzug muss aber die Gesundheit dauerhaft gestärkt werden.

Die Rückfallquoten sind oftmals so hoch, da die Krankheit augenscheinlich ausgemerzt wurde, die Stärkung der Gesundheit aber keine Berücksichtigung fand.

Wenn wir den einschlägigen Ratgebern Glauben schenken dürfen, so hat sich der Körper nach ca. 7-10 Tagen (der Aufenthalt in einer stationären Suchtklinik beläuft sich auf ungefähr 13 Tage) vom Alkohol erholt. Erholt heißt aber noch nicht Gesundung. Erholt heißt in diesem Zusammenhang nur, dass der Körper kein Verlangen nach Alkohol mehr verspürt, wir haben nur ein Stopp gesetzt.

Die häufigsten körperlichen Erkrankungen sind Schädigungen:
- der Leber (Fettleber, Hepatitis, Leberzirrhose),
- der Magenschleimhaut (Gastritis),
- der Bauchspeicheldrüse (Pankreatitis),
- des Herzens (Kardiomyopathie),
- des Gebisses,
- der männlichen Geschlechtsorgane
- sowie Nervenentzündungen (Polyneuropathie), Hirnschädigungen, sowie eine erhöhte Infektionsanfälligkeit, bestimmte Krebserkrankungen, usw.

Daher sind wir von einer körperlichen Erholung noch weit entfernt. Die durch Alkohol geschädigten Organe müssen zum Teil mit Hilfe von Medikamenten, Kuren, aber definitiv mit absoluter Alkoholabstinenz, in ein gesundes Gleichgewicht gebracht werden.

Nach Aussagen vieler Alkoholkranker finden die Ursachen, also die Auslöser für die Alkoholerkrankung ihren Ursprung zunächst im Kampf gegen psychischen, geistigen oder physischen Schmerz. Das heißt augenscheinlich, dass Alkohol als selbstverordnete Schmerztherapie eingesetzt wird. Eine weitere Ursache sind Defizite, die wir mit Alkohol auszugleichen versuchen. Auf der körperlichen Ebene können Defizite z.B. durch einen zu geringen Anteil an Gamma-Aminobuttersäure (ein Neurotransmitter / Botenstoff) oder zu geringen Endorphinspiegel entstehen. Auf der seelischen Ebene könnte ein zu geringes Selbstwertgefühl als Ursache für ein Defizit in Betracht kommen.

Solange sich die Ursachen auf einer Ebene (Körper, Geist oder Seele) manifestieren, ist eine Heilung augenscheinlich leichter zu bewerkstelligen. Durch das jahrelange Trinken verlagern sich aber die Ursachen auf allen drei Ebenen. Wir können daher die Primär- von den Sekundärursachen nicht mehr unterscheiden.

Wenn wir an der Wechselbeziehung von Ursache und Wirkung festhalten, kann eine langfristige Gesundung nur gelingen, wenn wir Gesundheitsfürsorge auf allen drei Ebenen, also Körper, Geist und Seele betreiben, wobei es zunächst irrelevant ist, ob wir eine langfristige Abstinenz oder einen lebenslangen Alkoholverzicht ins Auge gefasst haben.

Die kurzfristige bzw. lebenslange Gesundung ist harte Arbeit.

Wir müssen uns von der Illusion lösen, dass das Nichttrinken von Alkohol die einzige Lösung ist. Die Lösung ist vielmehr, den Mut zu finden, es anzupacken. Es bedeutet Arbeit, sich auf den Weg zu machen, um Techniken und Tricks zu finden, die seelischen, geistigen oder körperlichen Schmerzen ohne Alkohol zu überwinden, um glücklich und selbstzufrieden zu leben.

Glück ist kein Zufallsprodukt, das vom Himmel fällt oder das uns selbstlose Menschen schenken, sondern ein Produkt unserer eigenen Arbeit.

Diese Arbeit besteht darin, nicht nur die krankmachenden Faktoren (Alkohol) zu meiden, sondern die gesundheitsförderlichen Kräfte – eigene und fremde Ressourcen– zu finden und zu stärken. Es ist hilfreich, die Ursachen der eigenen Alkoholerkrankung zu erkennen und diesen Ursachen medizinisch als auch psychotherapeutisch entgegenzuwirken (krankmachende Faktoren).

Der Umgang mit einer Sportverletzung soll hier als Beispiel dienen:

Beim Fußballspielen stoßen wir mit einem Spieler der gegnerischen Mannschaft zusammen und verletzen uns am Fuß so schwer, dass wir nicht mehr weiterspielen können. Im Laufe des Tages werden die Schmerzen immer schlimmer und so entscheiden wir uns, am nächsten Tag zum Hausarzt zu gehen. Um einigermaßen über die Nacht zu kommen, nehmen wir mehrmals ein Schmerzmittel ein. Der Hausarzt untersucht am nächsten Tag unseren mittlerweile angeschwollenen Knöchel, verschreibt uns ein stärkeres Schmerzmittel und überweist uns ins Krankenhaus, da seiner Meinung nach ein Bänderriss oder sogar ein Bruch nicht ausgeschlossen werden kann und der Fuß geröntgt werden muss. Im Krankenhaus wird ein Bruch festgestellt, kann aber wegen der starken Schwellung noch nicht abschließend behandelt werden, so dass eine Art „Hilfsgips" angelegt wird, der die Bewegungsfreiheit zwar einschränkt, den schmerzhaften Druck – verursacht durch die Schwellung – aber nicht verschlimmert. Die Einnahme des vom Arzt verschriebenen Schmerzmittels wird dringend empfohlen. Erst nach dem Abklingen der Schwellung kann dann mit der erfolgreichen Behandlung des Knochenbruchs begonnen werden (Behandlung des krankmachenden Faktors).

Neben der Behandlung krankmachender Faktoren, müssen wir uns auch um die gesundheitsfördernden Faktoren kümmern.

Eine dauerhafte Gesundung entsteht, wenn – nach der oben erwähnten Behandlung des Knochenbruchs – eine zweite Therapie anschließend und manchmal sogar nebenbei einsetzt. Hier geht es um angeleitete Minimalbelastungen, oftmals schmerzhafte Bewegungsübungen, Kurzzeitbelastungen usw. und dies oftmals schon während des Heilungsprozesses des gebrochenen Knochens.

Nach dem erfolgreich behandelten Knochenbruch sind Aufbauprogramme unerlässlich, um die „alte Form" wieder zu erlangen. Geschieht dies nicht, wird der Knochen immer unser neuralgischer Punkt (unsere Achillesferse) bleiben.

Der Ansatz zur Vermeidung und Behebung pathologischer (krankmachender), als auch die Stärkung der salutogenetischer (gesundmachender) Kräfte soll ein immer wiederkehrendes Thema dieses Buches sein.

Der Zusammenhang zwischen Körper, Geist und Seele bei der Gesundung unserer Krankheit liegt in der gesamtheitlichen und damit einer systemischen Betrachtungsweise.

Wir Menschen sind nicht nur Körper – ein allgemein ärztlicher Ansatz – oder nur Geist – wie uns die Philosophen weismachen wollen – oder nur Seele – ein Ansatz mancher Psychologen. Vielmehr sind Körper, Geist und Seele eine Einheit, die unwiderruflich zusammengehört.

Als Beispiel möchte ich eine einfache und daher nachvollziehbare Krankheit heranziehen. Irgendwann erkranken wir alle an einer Grippe. Augenscheinlich handelt es sich um eine körperliche Erkrankung, die wir rein medizinisch behandeln werden, um das Fieber zu senken. Diese körperliche Erkrankung hat aber auch Auswirkungen auf unseren Geist. Das Denken fällt uns schwerer, unsere Gedanken sind nur noch auf die Bekämpfung der Krankheit ausgerichtet. Weiterhin sind wir eventuell auch gereizter, wollen unsere Ruhe oder sogar wie kleine Kinder umsorgt werden. Das sind die Auswirkungen auf der seelischen Ebene. Verliert die Krankheit ihre Macht, werden wir also körperlich wieder gesund, so fällt uns das Denken leichter, wir werden wieder entscheidungsfreudiger, unsere Interessen steigen, wir brauchen eventuell weniger Aufmerksamkeit und werden wieder selbstständiger. Eine Gesundung auf allen drei Ebenen findet statt.

Wenn es in diesem Buch um die Gesundung auf der körperlichen, geistigen und seelischen Ebene geht, sind Wechselwirkungen nicht ausgeschlossen. Nein, sie sind sogar erwünscht.

So kann ein langer Spaziergang uns nicht nur körperlich fitter machen und uns helfen, unseren durch Alkohol geschwächten Körper aufzubauen, sondern er kann uns auch den „Saufdruck" nehmen. Weiterhin wird sich durch dieses Handeln auch eine seelische Ausgeglichenheit einstellen, das heißt wir fühlen uns wohler und sind emotional stabiler. Ein Gespräch mit einem Therapeuten kann nicht nur unsere aufgewühlte Seele beruhigen, vielleicht fühlen wir uns plötzlich auch körperlich gesünder, indem ein uns quälender Juckreiz oder ein übersäuerter Magen seine Aktivitäten einstellt. Gute Gespräche mit Freunden erzeugen oftmals auch ein körperliches Wohlbefinden, ohne dass wir augenscheinlich einen Zusammenhang erkennen.

Da Körper, Geist und Seele unumstößlich zusammenhängen, ist es wichtig, dass wir alle drei Ebenen betrachten und eine Gesundung auf allen Ebenen anstreben. Auch wenn eine Gesundung des Körpers sich auf die Gesundung von Geist und Seele auswirkt, sollten wir die bewusste Gesundung der anderen beiden Ebenen nicht vernachlässigen.

Ein Alkoholkranker kann seine dauerhafte Gesundung durch sportliche Aktivitäten finden. Der Nächste überwindet seine Krankheit, indem er sich einer Selbsthilfegruppe anschließt, weil ihm der geistige Austausch in der Gruppe gut tut. Es gibt Mitkranke, die sich einer jahrelangen Psychoanalyse widmen und erst durch das Verstehen ihrer Traumatas ihre Krankheit zuerst akzeptieren und dann überwinden. Oftmals – und das ist in meinen Augen und mit meinen Erfahrungen der gangbarste Weg – ist eine Mischung der Gesundung auf allen drei Ebenen am sinnvollsten. Wenn wir sowohl mit unserem Körper, als auch mit unseren Gedanken und unseren individuellen Lebenserfahrungen experimentieren, nichts ausklammern und alle drei Ebenen aktiv in die Gesundung mit einbinden, gelingt uns eine dauerhafte und lebenslange Gesundung.

Ich sehe in der „einseitigen Gesundung" eher die Gefahr einer Suchtverlagerung. „Alles ist gut, solange du wild bist!" (Spruch bei den *Wilden Kerlen*); also: „Alles ist erlaubt, solange es kein Alkohol ist." Suchtverlagerung ist ein ganz wichtiger und entscheidender Gesundungsfaktor im Anfangsstadium. Lieber drei Stunden um den Häuserblock ziehen, als in die Kneipe gehen. Die dauerhafte, jahrelange und einseitige Suchtverlagerung birgt die Gefahr, dass es zu einem Rückfall kommen kann, wenn der einseitige Gesundungsfaktor wegfällt (was passiert zum Beispiel, wenn ich aus gesundheitlichen Gründen nicht mehr meine täglichen 20 Kilometer laufen darf?). Strebe ich eine aktive Gesundung auf allen drei Ebenen an, so steht mein „Haus" einfach sicherer. Knickt eine „Gesundheitssäule" ein, so stürzt mein Haus noch lange nicht ein.

In den folgenden Kapitel möchte ich auf die einzelnen Ebenen eingehen, kurz aufzeigen, was mögliche Ursachen für die Erkrankung waren und Ihnen ein Angebot machen, wie Sie auf den einzelnen Ebenen zu einer Gesundung finden können. Dabei bitte ich immer wieder zu beachten, dass sich die Gesundung der einen Ebene durchaus auf die anderen Ebenen positiv und verstärkend auswirkt.

5. Die erste Gesundung – auf der körperlichen Ebene

5.1. Ursachen der körperlichen Erkrankung

Als ich mit meiner Familie unseren Sommerurlaub in Griechenland verbrachte und meine Tochter über Zahnschmerzen jammerte, jedoch weit und breit keine Apotheke, geschweige denn ein Zahnarzt in der Nähe unseres Aufenthaltsortes war, riet uns eine ortsansässige alte Griechin: „Gebt Euer Tochter ein Gläschen Anisschnaps. In den Schnaps reibt Ihr eine getrocknete Nelke hinein. Wenn sie damit Ihren Mund auspült und den Schnaps auch noch trinkt, werdet Ihr sehen, wie schnell die Schmerzen – wie von Geisterhand – vergehen." Meine Tochter war zu diesem Zeitpunkt eineinhalb Jahre alt und bekam gerade ihre ersten Zähne.

In alten Schwarz-Weiß-Western wird uns Alkohol als Schmerzmittel als gang und gäbe vermittelt. Der Westernheld wird von einem Pfeil getroffen und liegt stöhnend, aber immer noch unermüdlich schießend hinter einem Planwagen und verteidigt die armen Pilger gegen die bösen Indianer. Nach gewonnener Schlacht kümmert man sich endlich um unseren Helden. Nach der Einnahme einer halben Flasche Whiskey wird der Pfeil mit brachialer Gewalt aus dem Körper gezogen, die Wunde mit Whiskey desinfiziert und vernäht. Weil der Held das Ganze ohne Geschrei hinter sich gebracht hat, darf er zur Belohnung den restlichen Whiskey trinken. Am nächsten Morgen, oh Wunder, ist unser Held wieder fit für das nächste Abenteuer.

Alkohol wurde schon immer als Allheilmittel gegen Schmerzen eingenommen. Nicht nur bei den Griechen und im Wilden Westen, auch heute noch wird Alkohol für diesen Zweck missbraucht. Einige apothekenpflichtige Schmerzmittel wirken schneller, wenn wir diese mit Alkohol anstatt mit Wasser einnehmen. Auch die Wirkung und die Wirkungszeit kann oftmals erhöht werden.

Bei chronischen Schmerzen, bei denen wir auf rezeptpflichtige Medikamente der Gruppe der Opioide (natürliche, aber meist synthetisch chemische Substanzen) zurückgreifen müssen, sind die „Erfolge" gigantisch, wenn wir dazu noch Alkohol trinken. Denn die Mischung macht's! Diese Medikamente nehmen uns nicht nur den Schmerz, sondern haben in den meisten Fällen auch noch betäubende, stressmindernde und euphorisierende Effekte. Diese werden mit Alkohol noch verstärkt. Da viele dieser Medikamente an sich schon ein hohes Suchtpotenzial haben, wird diese Suchtspirale in der Kombination mit Alkohol potenziert. Diese Suchterkrankung wird oftmals als *„polytox"* bezeichnet, da mehrere Faktoren – Medikamente und Alkohol – die Erkrankung ausgelöst haben.

Eine weitere Ursache sind endogene Defizite (*endogen* bedeutet *innen entstanden* – infolge veränderter Stoffwechselvorgänge im Gehirn), wie Beruhigungsregularien, das Gefühl der Euphorie oder der sexuellen Lust. Alkohol kann diese Defizite hervorragend ausgleichen. Nicht umsonst wird dem Alkohol nachgesagt, dass es das älteste der psychoaktiven Gifte ist. Gift aus dem Grund, weil schon die kleinsten Mengen *psychotrope* (auf die Psyche wirkende) Auswirkungen auf unseren Körper haben.

Als Beispiel möchte ich gerne folgendes Bild verwenden, wenn es um das „Runterkommen", das Entspannen geht. Am Morgen, wenn wir aufstehen, wird unser Gehirn mit einer Art „Muntermacher" befeuert. Wenn wir dann tagsüber unter Stress geraten (freudige oder spannende oder spannende Erlebnisse, Überlastung, schlechte Nachrichten) werden diese „Muntermacher" zum Beispiel in Form von Glutamat aktiv und überschwemmen unser Gehirn.

Wenn wir dann abends nach Hause kommen, Ruhe suchen und uns auf Entspannung einstellen möchten, gelingt uns dies nicht, denn wir leiden unter einem Mangel von „Ruhemachern" (Gamma-Aminobuttersäure), also das Gegenstück unserer „Muntermacher". Durch diesen Mangel von Gamma-Aminobuttersäure (Neurotransmitter/Botenstoff) laufen wir, trotz äußerer Ruhe (kein ungeduldiger Chef, keine nervenden Kollegen, kein Geschrei, keiner will mehr was von mir) auf 100 Prozent weiter.

Das ist so ähnlich, als würden Sie mit dem Auto nach Hause kommen, auskuppeln, die Handbremse ziehen, den Motor aber nicht ausschalten und weiterhin aufs Gas treten. Der Motor kommt mit dieser Aktion nicht zum Stillstand bzw. zur Ruhe. Die einzige Möglichkeit ist, den Fuß vom Gas zu nehmen und den Zündschlüssel zu ziehen.

Und genauso verhält es sich bei uns, wenn wir zu wenig „Ruhemacher" in unserem Körper haben – wenn wir zu wenig von diesem Hilfsmittel selbst produzieren können. Da brauchen wir Hilfe von außen. Oftmals holen wir uns diese in Form von Alkohol. Denn der Alkohol hat eine ähnliche eine ähnliche Wirkung wie unsere Gamma-Aminobuttersäure.

Wir setzen dem Muntermacher etwas entgegen, er wird verdrängt und Entspannung tritt ein. Wir werden endlich ruhig. Jeder, auch der -Nichtalkoholabhängige kennt die entspannende, beruhigende Wirkung von Alkohol. Aus diesem Grunde gibt es ja das wohlverdiente Feierabendbier, die Afterwork-

Party oder den kleinen *Absacker* kurz vor dem Zubettgehen.

Doch je öfters wir Alkohol trinken, desto weniger wird diese Aminobuttersäure von uns selbst produziert. Und damit wird eine Abhängigkeit von Alkohol immer wahrscheinlicher, wenn nicht gar unvermeidbar.

Eine weitere Ursache, weshalb wir uns in unserer Haut nicht wohl fühlen, ist der geringe Anteil von Dopamin. Dieses natürliche, von uns selbst produzierte - im Volksmund genannte – Glückshormon, ist für unsere Belohnung zuständig. Immer wenn wir etwas erreicht haben, wenn wir etwas Kniffeliges hinbekommen haben, wenn wir anfangen ein Musikinstrument zu spielen und es schaffen, aus Misstönen einen ohrenschmeichelnden Ton hervorzubringen, wird unsere Dopamin-Produktion „angeworfen" und unser Gehirn damit überflutet. Dies meldet uns daraufhin: „Oh, mir geht es gut, ich fühle mich so euphorisiert!"

Können Sie sich vorstellen, was passiert, wenn wir in nur sehr gering dosierter Menge Dopamin verabreicht bekommen? Wenn sich nie ein echtes Glücksgefühl, keine echte Euphorie bei uns einstellen möchte? Und dann kommen Sie mit Alkohol in Berührung und auf einmal erfahren Sie etwas, was für viele Mitmenschen eine Selbstverständlichkeit ist. Sie fühlen sich auf einmal belohnt und euphorisiert. Belohnt für den schweren Job, den Sie machen, die tolle Arbeit, die Sie abgeliefert haben oder dass Sie derjenige sind, mit der diese unnahbare Frau ausgehen wird. Wollen wir diesen euphorischen Zustand nicht öfters erzeugen und wollen wir uns nicht ständig gut fühlen?

Da ist es doch verständlich, dass aus diesem lebenslangen Defizit eine Sucht wird, inklusive der Tatsache, dass wir uns nicht wirklich dafür anzustrengen brauchen. Denn dazu hilft uns ja der Alkohol, den wir uns so problemlos beschaffen können.

Alkohol ist unser Dopaminersatz. Sicherlich kennen Sie auch die folgenden Aussprüche: „Auf das tolle Ereignis müssen wir anstoßen!" – „Diesen schwierigen Geschäftsabschluss müssen wir mit einem Cognac besiegeln." oder „Auf deine Volljährigkeit, Führerschein und ähnliches trinken wir ein, zwei Gläschen Sekt." usw. usf. ...

Eine weitere Ursache ist eine organische Depression, die durch eine körperliche Erkrankung wie Schilddrüsenfunktionsstörungen oder Nebennierenerkrankungen hervorgerufen wird. Da das Thema *Depression* so komplex, umfangreich und auf vielen Ebenen gleichzeitig bzw. im Wechsel seine Ursache hat, möchte ich hier nicht näher darauf eingehen. Dieses Thema ist zu mächtig und zu gewaltig, um es nur kurz anzuschneiden. Erwähnen möchte ich nur, dass sehr viele Alkoholiker bei ihrem Entzug und längere Zeit danach oftmals an Depressionen leiden, da man auf seinen „alten" Zustand zurückgeworfen wird. Das heißt, wir haben zu wenig Dopamin für unsere Euphorie, zu wenig Serotonin für unsere sexuelle Lust und zu wenig Gamma-Aminobuttersäure für unser Ruhebedürfnis im Gehirn. Daher sind wir aufgefordert, diese natürlichen Heilmittel, diese wichtigen und wohltuenden biochemischen Substanzen aus eigener Kraft zu erzeugen, bzw. Ersatzstoffe aus uns selbst heraus zu entwickeln, damit wir uns beglückt, belohnt, euphorisiert oder einfach entspannt fühlen.

Um uns wieder wohl zu fühlen, um wieder Kraft zu finden, um an der Gesundung dieser Krankheit zu arbeiten, müssen wir erst unseren Körper vom Alkohol befreien.

Diese, oftmals schmerzliche Arbeit, wird umgangssprachlich auch *Entgiftung* genannt. Denn eins muss uns vollkommen klar sein: Alkohol ist ein Gift! Der Grad der Vergiftung bestimmt, ob wir noch ambulant oder stationär mit diesem körperlichen Entzug beginnen sollten. Ambulant können wir entgiften, wenn wir noch am Anfang unser Trinkkarriere stehen, wenn wir noch keine Schweißausbrüche, kein starkes Zittern oder Schwindelgefühle bekommen, wenn wir dem Körper keinen Alkohol zuführen.

Wenn wir jeden Tag trinken, wenn wir ohne Alkohol nicht mehr „funktionieren", ist es absolut wichtig, eine stationäre Einrichtung aufzusuchen. Denn bei uns sogenannten *Profitrinkern* können schwerste, lebensbedrohliche, aber auf alle Fälle überaus schmerzhafte Auswirkungen ohne Alkohol entstehen.

Wenn wir unserem Körper schlagartig den Alkohol entziehen, kommt es in der Regel neben den benannten Schmerzen zu Schlafstörungen, Konzentrationsschwäche, Erschöpfungserscheinungen, Zunahme der inneren Unruhe und bei starken Trinkern auch zu Wahnvorstellungen, Muskelkrämpfen, epileptischen Krampfanfällen, und im schlimmsten Fall zu Herzversagen.

Um dem entgegenzuwirken wird beim stationären Entzug mit entsprechenden Medikamenten gearbeitet. *Distraneurin* wirkt beruhigend und hat sich bei der Behandlung des *Delirium tremens* (Wahnvorstellungen) sehr bewährt. Bei schweren Fällen können auch *Benzodiazepine* zum Einsatz kommen. *Benzodiazepine* wirken angstlösend, krampflösend, muskelentspannend, beruhigend und schlaffördernd. Da sowohl *Distraneurin* und *Benzodiazepine* hochgradig suchtgefährdend sind, werden diese Medikamente sehr sorgfältig verabreicht, wobei die Verabreichung täglich reduziert wird, bis nach ca. 5 bis 7 Tagen die körperlichen und psychischen Beschwerden abgeklungen sind. Nach weiteren 5 bis 7 Tagen ist der Körper komplett vom Alkohol entgiftet und die Arbeit zur dauerhaften Stabilisierung des Körpers kann beginnen.

5.2 Stabilisierung des entgifteten Körpers

5.2.1 Meditation

Ist es nicht unsere Pflicht, unser Leben als wichtig zu betrachten und in Ehren zu halten, um das Optimalste daraus zu machen? Deshalb ist meines Erachtens die Meditation eine der wichtigsten Stabilisatoren auf der körperlichen Ebene.

Unter Meditieren verstehe ich nicht nur und ausschließlich das aus dem lateinischen abgeleitete *meditatio*, was so viel bedeutet wie Nachdenken, Nachsinnen, Überlegen, sondern auch das verwandte *mederi*, was mit Heilen übersetzt werden kann.

Hinsichtlich der Gesundung der Alkoholkrankheit möchte ich das *mederi*, also das Heilen, in den Mittelpunkt stellen. Wie bereits im vorigen Kapitel angesprochen, haben wir früher unsere Defizite von Dopamin, Serotonin und Gamma-Aminobuttersäure durch Alkohol ausgeglichen. Fällt nun dieser „Ersatzstoff" weg, werden wir von Antriebslosigkeit, Schlaflosigkeit und sogar Depressionen eingeholt. Um dem entgegen zu wirken, sollten wir in die Bewegung kommen.

Mit der Bewegung können wir vieles überwinden, wie zum Beispiel unsere Antriebslosigkeit. Unser Körper ist wie ein Kind – er bzw. es will ständig in Bewegung sein. Haben Sie schon einmal Kinder beobachtet? Kinder sind in der Regel immer in ihrem natürlichen Umfeld in Bewegung. Nur die Erwachsenen zwingen sie, ruhig zu sein und sich nicht zu bewegen. Erwachsene „parken" ihre Kinder vor dem

Fernseher oder vor dem Computer. In der Schule müssen sie stundenlang ruhig auf ihren Stühlen sitzen. Wir brauchen uns da nicht zu wundern, dass Kinder aggressiv werden, dass sie unausgeglichen wirken, dass sie Lernschwächen haben. Viele Lernpädagogen appellieren zu mehr Bewegung.

Wer sich bewegt, aktiviert die motorischen Zentren seines Gehirns. Diese Zentren spielen eine wesentliche Rolle dabei, wie Informationen verarbeitet und gespeichert werden. Aufmerksamkeit entsteht, wenn die Nervenzellen im Gehirn ausreichend aktiv sind. Dazu braucht das Gehirn einerseits Sinnesreize, andererseits einen aktiven Stoffwechsel, es muss mit mit ausreichend Sauerstoff versorgt werden. Beides wird durch Bewegung gefördert. Wie wach jemand ist, hängt vor allem davon ab, welche Sinnesreize das Gehirn über das Gleichgewichtssystem erhält. Dies informiert darüber, welche Lage der Körper gerade einnimmt. Es ist deshalb besonders abhängig von Bewegung (Quelle: http://www.tk.de).

Wenn wir uns nicht bewegen, wenn wir nur herumsitzen, kann es passieren, dass wir schnell wieder von Suchtgedanken heimgesucht werden. Das liegt, wie schon erwähnt, an unserer Antriebslosigkeit. Wir fühlen uns matt und neigen zu depressiven Verstimmungen. Bei solchen Gemütsschwankungen, tranken wir in der Vergangenheit immer unseren „Muntermacher".

Ein Therapeut sagte einmal zu mir, nachdem ich ihn gefragt hatte, wie sich eine echte Depression anfühlen würde: „Sperre Dich, wenn Du körperlich gesund bist, in Dein Schlafzimmer ein. Verlasse nur das Bett, um auf die Toilette zu gehen. Wenn Du Hunger hast, schmiere Dir ein Brot, nehme etwas Wasser mit und lege Dich wieder hin. Kein großes Herumkochen, kein Zeitunglesen auf der Toilette, alles, aber wirklich alles, wird im Bett gemacht.

Fernsehen, nur im Bett, Rauchen, nur im Bett. Lesen, auch die tägliche Post, nur im Bett. Nimm Deinen Computer mit ins Bett. Nur für das Allernotwendigste verlässt Du Dein Bett. Nach spätestens 10 Tagen weißt Du, wie sich eine Depression anfühlt."

Nach drei Tagen brach ich den Versuch ab. Was sich am Anfang als etwas ganz Tolles anfühlte, wie etwa ausschlafen, nichts tun, rumgammeln, ein Buch in einem Rutsch durchlesen, verlor nach kürzester Zeit seinen Charme. Ich brauchte einfach Bewegung. Ich brauchte einfach mal frische Luft.

Ein Mitglied meiner Selbsthilfegruppe berichtete mir, dass auf seiner Langzeittherapie ein sehr abwechslungsreiches Angebot an sportlichen Aktivitäten vorhanden war. Viele der Therapieteilnehmer nahmen an diesen Angeboten teil und er selbst berichtete, wie gut es ihm getan habe, sich endlich einmal wieder zu bewegen, anstatt nur „versoffen" in der Gegend rumzusitzen. Andere Mitbewohner saßen nur rum und warteten ab, bis der Aufenthalt zu Ende ging. Bei den Gesprächen, die er ab und an aufschnappte, ging es immer nur um das Thema, dass hier alles nur blöd und langweilig sei und wie schön es doch wäre, wieder in der „Freiheit" zu sein. Dann könnte man seine Langeweile wenigstens mit Biertrinken vertreiben.

Wenn wir uns bewegen, können wir auch unseren Ärger und Frust „ablaufen". Zu Beginn meiner trockenen Zeit, war ich sehr viel draußen. Wenn ich mich ärgerte, merkte ich immer sehr schnell, dass mich der „Saufdruck" quälte – das unbändige Verlangen, Alkohol zu trinken. Das war für mich auch vollkommen nachvollziehbar, denn mein Ärger – egal woher dieser kam – wurde in der Vergangenheit mit Alkohol runtergespült. Um mich vom „Saufdruck" abzulenken, packte ich meine Sachen und marschierte einfach los; zum Teil stundenlang. Dabei wurde ich nicht nur meinen „Saufdruck" los, auch mein Ärger verpuffte und meistens fand ich Lösungen, wie ich Situationen in Zukunft umschiffen oder meistern konnte, ohne dass diese bei mir Ärger oder Frustration auslösten.

Eine Bekannte erzählte mir, dass sie genau das Gleiche macht, obwohl sie schon seit Jahrzehnten trocken ist. Wenn sie sich ärgert, zieht sie ihre Wanderschuhe an und geht einfach drauflos. Erst wenn dieser Ärger verflogen ist oder sich eine Lösung aufgetan hat, geht sie wieder nach Hause. Einmal ist sie fünf Stunden spazieren gegangen und musste, da ihr die Füße wehtaten, nach Hause trampen – und das mit 65 Jahren. Dem Fahrer, der sie mitnahm, erzählte sie von ihrer Spaziergehtherapie und beim Erzählen verflog ihr letzter Ärger.

Ich traf Leute, die fingen nach ihrem körperlichen Entzug an, auch wieder aktiv Sport zu treiben. Einige kauften sich ein neues und hochwertiges Fahrrad, die nächsten „Laufklamotten", Laufschuhe und Pulsmesser; andere schlossen einen Fitnessvertrag ab.

Ein Bekannter von mir fing an im Wald – natürlich mit einer Genehmigung – Holz zu schlagen. Eine wirklich schwere körperliche Arbeit. Und weil ihm das nicht reichte, holte er noch aus dem Fluss anschwimmende Holzstämme heraus. Neben der körperlichen Anstrengung kam hier noch ein hohes Risiko dazu, nämlich vom Fluss mitgerissen zu werden, bzw. sich an den schwimmenden Holzstämmen zu verletzten.

Die Aktivierung unseres Körpers hat viele Vorteile. Zum einen, wie schon erwähnt, kommen wir aus unserer Lethargie heraus. Das Erreichen eines Ziels, das wir uns vorher gesteckt haben, erhöht unweigerlich unsere Dopaminausschüttung.

Zum anderen bringt eine körperliche Betätigung auch einen gesünderen Schlaf mit sich. Wir ermatten. Gerade zu Anfang unserer trockenen Zeit leiden viele von uns an Schlafstörungen und wünschen sich nichts sehnsüchtiger, als einen winzig kleinen „Absacker". Dieser „Absacker" wird in Zukunft zum Beispiel ein ausgiebiger Spaziergang, ein Sprint oder ein einstündiger Aufenthalt im Fitnessstudio sein.

Sportliche Aktivitäten erhöhen nicht nur unseren Dopaminhaushalt in Gehirn, sondern beruhigen auch unsere Gedanken. Ängste, Ärger, Wut, Verzweiflung und Aggressionen treten meistens zurück.

Apropos Fitnessstudio: Wie viel Geld sparen wir uns, nachdem wir das Trinken aufgehört haben? Eine Menge, würde ich sagen. Und viele von uns sehen das auch so. Aus diesem Grund ist es oftmals nicht verwunderlich, dass sich ehemalige Alkoholiker teure Fahrräder kaufen oder sich ein hochkarätiges Fitnessstudio leisten. Die Sportausrüstung kommt vom Fachhandel.

Hier wirkt natürlich ein psychologischer Effekt, nach dem Motto: „Das habe ich mir verdient. Jetzt trinke ich schon seit ... nicht mehr; jetzt kann ich mir das auch leisten!", oder „Das bin ich mir wert!". Und genau so ist es. Das bin ich mir wert!

Der Selbstwert ist der wichtigste Wert, den wir haben. Und es ist so wichtig, diesen wieder für uns zu entdecken. Durch unsere Trinkerei ist dieser verloren gegangen oder wir haben ihn versteckt, vergraben, oder schlichtweg vergessen (auf das Gefühl: *„Was bin ich mir selbst Wert?"*, gehe ich in Kapitel „Stabilisierung unseres ICH´s" noch ausführlich ein).

Eine weitere Möglichkeit, mit negativen Gefühlen und Gedanken umzugehen, ist die Meditation. Viele von uns fangen an, durch Achtsamkeits-, oder Konzentrationsübungen den Geist zu beruhigen und sich zu sammeln (diese spirituelle Praxis findet sich in allen Weltreligionen).

Gerade Konzentrationsübungen in Form von Yoga, Tantra, Geh-, Kampf-, Atem- und Tanzmeditation oder die von vielen Therapeuten eingesetzte progressive Muskelentspannung nach Jacobson, vereinen Körper und Geist. Unser Geist wird sich durch diese aktiven Meditationstechniken des Körpers bewusster. Durch dieses Bewusstwerden finden wir Zugang zu unserem Körper und werden uns selbst mehr gewahr. Wer sich seiner Selbst wieder gewahr ist, passt in Zukunft auch besser auf sich auf. Wir werden achtsamer!

Sind wir, als wir noch getrunken haben, achtsam mit unserem Körper umgegangen? Sie wissen es nicht mehr? Dann schauen Sie sich ihre Mitmenschen einmal genauer an. Wir Alkoholkranken erkennen jeden Süchtigen – egal welches Gift er in seinen Körper pumpt! Allein an seinem Aussehen, an seiner Körperhaltung, an seiner Haut, an seinen Augen – und es spielt keine Rolle, ob es sich hier um einen obdachlosen oder einen in Anzug und Krawatte „verkleideten" Suchtkranken handelt. Wir erkennen sie.

Süchtige haben ihre Achtsamkeit mehr oder weniger eingebüßt. Über die Meditation erarbeiten wir uns wieder unsere Achtsamkeit.

Über unsere Körperhygiene erhalten und vertiefen wir dieses Bewusstsein und erhöhen damit unseren Selbstwert.

Ich bin immer wieder erstaunt, wie „abgehalftert" manch einer in eine stationäre Entgiftung „einläuft". Und bei seiner Entlassung ist diese Person fast nicht mehr zu erkennen. Die erholte und funktionierende Leber hat ein reines Wunderwerk vollbracht. Die Haut ist straffer, die Augen klar, der Gang aufrechter, die Bewegungen nicht mehr linkisch und unbeholfen. Hat da unser Körper nicht auch ein Recht, Aufmerksamkeit in Form einer allumfassenden Hygiene zu bekommen?

Ein neuer Haarschnitt, eine Mani- und Pediküre, ein Besuch in der Kosmetikabteilung, um zum Beispiel Körperlotion, Cremes, Shampoo, Haarspülung und Kosmetika zu kaufen. Sollten wir unseren Körper nicht auch mit neuer Kleidung schmücken?

Doch wir sollten unseren Körper neben der Entwöhnung vom krankmachenden Alkohol nicht nur verwöhnen. Wir sollten ihm zudem Hilfestellungen zur Seite stellen, um seinem Suchtgedächtnis etwas entgegen zu setzen. Hierzu benötigen wir Rituale.

5.2.2 Rituale

In der Vergangenheit haben wir uns daran gewöhnt, unseren Körper regelmäßig mit Alkohol zu versorgen. Diese Darreichung hatte schon etwas Rituelles, denn wir haben den Alkohol nach vorgegebenen Mengen – die natürlich gesteigert wurden – zu immer festgelegten Zeiten und bestimmten Handlungen (Gesellschaftstrinker, Einzeltrinker, Fernsehtrinker; zuerst Bier, dann Whiskey usw.) zu uns genommen.

Ein jahrelanges, eintrainiertes Verhalten können wir normalerweise nicht einfach von heute auf morgen sein lassen.

Wie zum Beispiel entwickeln sich in der Regel Kinder, die äußerst katholisch oder extrem pietistisch erzogen wurden? Diese Kinder werden mit zunehmendem Alter eventuell gegen die – in ihren Augen – starren und verkrusteten christlich geprägten

Regeln aufbegehren, diese ablehnen und sich sogar davon losreißen. Erstaunlich ist, dass sich gerade diese Menschen später oftmals anderen Religionen oder esoterischen Lehren anschließen. Dies ist meines Erachtens völlig klar: Es ist die Suche nach Sicherheit. Sie sind mit strengen Ritualen groß geworden, die ihren Tagesablauf bestimmt haben. Rituale sind wie Anker, sie geben Halt.

Bei uns war der Alkohol dieser Anker, der Hafen, in den wir einlaufen konnten, um uns vor dem Sturm zu schützen. Wenn uns also der Alkohol keine Sicherheit mehr gibt, dann brauchen wir dringend einen Ersatz. Und dieser Ersatz sollte ebenso rituelle Muster haben.

Um dies näher zu erläutern, möchte ich gerne bei den Anfängen unserer Alkoholkarriere beginnen.

Jeder von uns hat sich am Anfang, also ab dem Zeitpunkt, an dem wir angefangen haben, regelmäßig und zu bestimmten Zeiten eine bestimmte Menge Alkohol zu trinken, sich auf sein wohlverdientes Bier, seinen Wein, oder Whiskey gefreut. Wir haben zu dieser Zeit ein richtiges Ritual daraus gemacht.

Das Bier musste gekühlt sein, der Rotwein sollte vorher „geatmet" haben, der Whiskey wurde mit einem Eiswürfel langsam und genüsslich getrunken. Für uns hatte das alles eine wiederkehrende innere Ordnung und symbolisierte zum Beispiel den Feierabend, oder die persönliche Auszeit („jetzt nicht, jetzt trinke ich mein…..").

Später wurden diese Rituale zwanghaft, wenn nicht sogar autistisch. Es spielte keine Rolle mehr, ob in geselliger Runde oder alleine, ob das Bier kalt oder lau war, der Wein oder der Schnaps (Whiskey war finanziell nicht mehr drinnen) von einem Händler oder im Discounter gekauft wurde.

Genuss spielte keine übergeordnete Rolle mehr, nur die Menge war entscheidend. Trotz dieser Verschiebung – es war ein Ritual. Es folgte zwar anderen Regeln, aber es diente dem gleichen Zweck. Wenn wir nach der körperlichen Entgiftung, wieder bei null anfangen, sollten wir das auch mit unseren Ritualen so handhaben.

Wir ersetzen eben Alkohol durch ...! – Durch was? Ich habe damals angefangen, Alkohol durch teure Säfte zu ersetzen. Anstatt am Morgen mit einem Bier den Tag zu beginnen, habe ich mir einen „sauteuren" Bio-Saft in den Magen „geschüttet". Am Anfang meiner Saufkarriere habe ich ja auch noch edle Biere getrunken und nicht Discounterprodukte aus der PET-Flasche. Ich habe auch bei Lebensmitteln angefangen, nur noch Bio-Produkte oder nicht verpackte Ware zu konsumieren.

Nachdem ich jahrelang meinen Körper vernachlässigt hatte, nachdem ich ihn misshandelt und geschunden hatte, wollte ich ihm etwas Gutes, etwas sehr Gutes tun: Ich wollte ihn verwöhnen! Das Einkaufen, das Zubereiten von Essen mit Bio-Produkten wurden für mich wesentliche Rituale. Beim Einkaufen habe ich die Produkte miteinander verglichen und abgewogen, was mein Körper eventuell heute haben möchte. Ich legte Mengen fest, ja nicht zu viel auf einmal einkaufen, die Sachen könnten ja schlecht werden und wer weiß, auf was mein Körper am nächsten Tag Lust hat.

Das Zubereiten und Kochen war auch mit sehr viel Zeitaufwand verbunden. Rezepte wurden im Vorfeld im Internet recherchiert, die meist fehlenden Gewürze, Öle und sonstige Zutaten mussten besorgt werden, oftmals wurde das zu kochende oder zu garende Gemüse oder das Fleisch vorher noch speziell behandelt (eingelegt, mit Gewürzen vorbehandelt, mit Salz ausgeschwitzt usw. usf.). Und gegessen wurde nicht wie in einer Fastfood-Kette, sondern der Tisch musste schön gedeckt, geschmückt und mit dem richtigen Essensbesteck aufgedeckt werden.

Das Essen kam nicht einfach auf den Teller, sondern wurde speziell für das Auge drapiert. All das habe ich nicht nur gemacht, um mich bei meinen Körper zu bedanken, dass er meine Sauforgien überlebt hat, sondern vor allem weil der rituelle Charakter den Alkohol ersetzt hat. Ein nicht ganz zu vernachlässigender und wichtiger Nebeneffekt war, dass ich beim Einkaufen, Vorbereiten, Zubereiten und Essen keinen „Saufdruck" verspürte. Damit habe ich mich gerade zu Anfang über eine schwierige Zeit hinweg gerettet.

Aber nicht nur bewusstes und gesundes Essen und Trinken sind „Ersatzrituale", sondern wie oben bereits erwähnt, das regelmäßige Spazieren gehen, das Laufen und das Meditieren. Wichtig ist hierbei, dass wir diese körperlichen Aktivitäten gerade am Anfang unserer Nüchternheit, täglich und zu festgelegten Zeiten für eine bestimmte Zeit durchführen.

Leistung ist hierbei absolut fehl am Platz. Denken Sie wieder an Ihre Trinkeranfangszeit. Genuss war entscheidend und nicht Menge. Es spielt keine Rolle, wie viele Kilometer Sie laufen oder gehen, sondern nur, dass sie es tun und sich dabei wohlfühlen. Nicht stundenlanges Sitzen auf einem Meditationskissen ist angesagt, sondern sich die Zeit zu nehmen, sich zurückzuziehen und nur für sich dazu sein. Yoga sollte nicht als Leistungssport, sondern als angenehme körperliche Erfahrung angesehen werden. Stellen Sie sich nur einmal vor, sie hätten von Anfang an so viel Alkohol getrunken, wie sie zum Schluss vernichtet haben. Das hätte nie funktioniert. Wir wären überfordert gewesen. Vielleicht wären wir sogar daran gestorben.

Wenn wir zum Beispiel anfangen, eine körperaktivierende Meditation als Ritual zu betreiben, kann es passieren, dass wir völlig unbewusst, aber sehr heilbringend auch auf der seelischen Ebene arbeiten. Diese Verknüpfung zwischen bewusster körperlicher und unbewusster seelischer Arbeit möchte ich Bioenergetik nennen.

5.2.3 Bioenergetik

Vielleicht kennen Sie jemanden, der unter einem Ekzem (z.B. Neurodermitis) leidet. Jemand sagt zu dieser Person: „Du hältst es wohl in Deiner Haut nicht mehr aus." Hat ein Anderer Schmerzen im Schulterbereich, so bekommt er zu hören: „Was hast Du Dir denn aufgeladen, dass Du es nicht mehr tragen kannst?" Diese Betrachtungsweise kommt aus der Philosophie und will zum Ausdruck bringen, dass sich seelische Verletzungen auf den Körper auswirken, bzw. sich dort manifestieren können. Wenn dies der Fall ist, dann kann auch die körperliche Heilung zu einer seelischen Heilung führen.

Als ich anfing, nach dem morgendlichen Aufstehen mit einfachen Yogaübungen den Tag zu beginnen, passierte es mir manchmal, dass mich mitten in der Übung eine unheimliche Traurigkeit überfiel. Obwohl diese unerwartete Gefühlsregung sehr befremdlich war, da ich mich eigentlich rundum wohlfühlte, schenkte ich ihr keine weitere Aufmerksamkeit.

Eines Tages war ich bei einem Physiotherapeuten, der meine verletzte Schulter behandelte. Als er mich massierte und mich fragte, ob ich als Abschluss der Therapie eine Craniosacral-Anwendung wolle, um die bis dahin geleistete Arbeit zu verstärken, stimmte ich dem zu und musste folgende Erfahrung machen: Die sanfte, am Anfang kaum körperlich spürbare Anwendung löste eine unfassbare, nicht zu stoppende Traurigkeit in mir aus, die ich nicht mehr zurückhalten konnte. Ich fing an, bitterlich zu weinen. Durch das minutenlange Weinen wurde schon einmal erfasste Traurigkeit immer weniger, bis ich mit einem tiefen Seufzer den letzten Rest dieser Traurigkeit ausstieß.

Eine ähnliche Erfahrung machte ich, als ich mich mit einem Freund mit Dehnübungen auf eine zehn Kilometer lange Joggingtour vorbereitete. Ich machte gerade Kniebeugen, als ich plötzlich nicht mehr in die Höhe kam, weil ich fürchterliche Bauchkrämpfe bekam. Ich musste mich sogar hinlegen und zog mich dabei in die Embryonalstellung zurück, wo ich minutenlang am Boden liegen blieb. Dabei überfiel mich ein Gefühl der totalen Geborgenheit. Ich merkte, wie sich eine jahrzehntelange Sehnsucht nach dieser Geborgenheit einen Weg von der Seele in den Körper bahnte.

Seit diesen Ereignissen bin ich fest davon überzeugt, dass der Körper nicht nur Ausdruck der Seele ist, sondern dass wir durch die Heilung des Körpers auch unsere Seele heilen können.

5.3 Suchtverlagerung

Wenn wir den Alkohol durch andere, nicht giftige Stoffe ersetzen, dann sprechen sehr viele Therapeuten von einer typischen Suchtverlagerung.

Ich kenne Leute, die essen tafelweise Schokolade oder pfundweise Gummibärchen, andere und dazu zähle ich mich, trinken literweise Kaffee (habe ich mittlerweile aufgegeben, aber am Anfang meiner alkoholfreien Zeit, kam ich mit dem Kaffeekochen gar nicht mehr nach, soviel und so schnell habe ich das braune Zeug in mich „rein geschüttet").

Ich frage mich immer, ist das so schlimm? Gehört es nicht zur Gesundung, dass wir einen Suchtstoff durch einen anderen ersetzen? Die Gesundung geht, wie schon erwähnt, nicht von heute auf morgen. Das ist ein langsamer und langwieriger Prozess. Im Kapitel „Die Seele spricht eine andere Sprache" komme ich darauf noch näher zu sprechen.

Unsere Seele braucht einfach länger, „um bestimmte Dinge zu kapieren". Der Kopf sagt ja zum Therapeuten, wenn er uns auf unsere Suchtverlagerung hinweist. Unsere Seele steht aber daneben und sagt: „Ich habe kein Wort verstanden; lass mir ein bisschen mehr Zeit; irgendwann kapiere ich es auch noch." Jahrelanges Trinken, kann man nicht einfach so abstellen. Ich kenne Menschen, die haben das geschafft, aber das sind wirklich wenige. Die meisten von uns brauchen eine Art „Ersatzdroge".

Eine „rühmliche" Ersatzdroge ist das exzessive Betreiben von Sport. Man wird Ihnen Bewunderung zollen. Sie werden als Vorbild gehandelt und die

Aufmerksamkeit ist Ihnen gewiss. Ich kenne Ex-Alkoholiker, die laufen, trotz ihres hohen Alters, einen Marathon mit, sind erfolgreich als Triathleten unterwegs und bei einer Tour de France könnten sie locker mit radeln. Vom Profitrinker zum Profisportler. Es muss klar gesagt werden, auch das ist eine Suchtverlagerung. Es gibt trockene Alkoholiker, die werden unausstehlich, wenn sie nicht ihr tägliches Sportpensum absolviert haben. Genauso unausstehlich waren sie, wenn sie in ihrer nassen Zeit keinen Alkohol bekommen haben. Aber auch das gehört zu uns. Das ist auch eine Art, mit seiner Alkoholsucht aktiv umzugehen.

Wenn wir die Zusammenhänge zwischen Körper, Geist und Seele bei der Gesundung unserer Alkoholkrankheit erkannt haben, lösen sich diese sogenannten Suchtverlagerungen meistens sowieso auf. Lassen Sie sich die für Sie erforderliche Zeit. Wir haben lange Zeit gebraucht, um uns vom Genusstrinker zum Profitrinker hoch zu saufen; wir dürfen uns daher auch die Zeit nehmen, solange an uns zu arbeiten, bis wir die Sucht endgültig „ausgetrieben" haben, um dauerhaft gesund zu leben.

6. Die zweite Gesundung – auf der kognitiven Ebene

6.1 Ursachen der geistigen Erkrankung

Was mich immer wieder erstaunt, ist die Diskussion und die Suche nach Beweisen, ob die Alkoholsucht eine Erbkrankheit ist. Hier wird meiner Ansicht nach sehr viel Energie für eine eindeutige Beweisführung verschwendet, anstatt die Energie sinnvoll in die Gesundung zu investieren. Geht es uns wirklich besser, wenn wir erfahren, dass wir einen genetischen Defekt haben und deshalb an der Alkoholsucht erkrankt sind? Haben wir damit einen Freischein bekommen, unser restliches Leben zu „versaufen"? Was würde denn ein Diabetiker sagen, wenn er vom Arzt bescheinigt bekommt, dass seine Krankheit erblich ist? Würde er aufhören, Insulin zu spritzen und sich mit Süßspeisen vollstopfen, bis er einen Schock bekommt und daran stirbt? Wohl kaum!

Und weil es dem Diabetiker egal ist, woher seine Krankheit kommt, ob vererbt, selbstverschuldet durch falsche Ernährung oder durch eine Infektion, sollte uns Alkoholikern die Frage nach dem genetischen Defekt (=Vererbung) primär egal sein. Wichtig ist sicherlich zu verstehen, welche Ursachen auf der geistigen Ebene verantwortlich sind, dass ausgerechnet wir nicht in der Lage sind, mit Alkohol umzugehen.

Um die eventuell erste Ursache zu erfassen, müssen wir sehr weit in unsere Vergangenheit zurückgehen. Zurück in unsere Kindheit, vielleicht zurück in das Babyalter. Die Ursache könnte nämlich die Konditionierung vom Kleinkindalter her sein.

Vielleicht kennen wir seit wir auf der Welt sind, nichts anderes, als dass ein Elternteil oder auch beide unter Alkoholsucht leiden. Alle Aktionen, alle Reaktionen die von diesem Elternteil aus geschehen, stehen unter dem Einfluss von Alkohol.

Daher haben wir keine Erfahrungen, was bzgl. dieser Person eine „gewöhnliche" Aktion und was eine „Alkoholaktion" ist. Für uns ist dieses Verhalten unter Alkohol daher völlig normal, egal, ob uns diese Aktionen gut tun oder nicht. Wir kennen ja nichts anderes von diesem Menschen (so werden wir später vielleicht einmal sagen „mein Vater / meine Mutter war gut / war böse zu mir"). Es ist für uns auch eine Selbstverständlichkeit, dass zum Beispiel der Vater immer nach Alkohol riecht und ständig Bier, Wein und Schnaps trinkt. In uns manifestiert sich allmählich der Glaube, dass ALLE Männer bzw. Väter Alkohol trinken – natürlich ist dies aus Sicht eines Erwachsenen ein Irrglaube, aber ich spreche hier aus der Perspektive eines Kindes. Über Irrglauben von Erwachsenen komme ich später noch zu sprechen, welcher sich nicht wesentlich vom Irrglauben eines Kindes unterscheidet.

Um das Ganze noch zu überspitzen, kommen noch verbale Äußerungen des alkoholtrinkenden Elternteils dazu. Das könnten Sätze sein wie: „Ein echter Kerl braucht sein tägliches Bier!", „Mit Deinem ersten Rausch trittst Du in das Erwachsenenalter ein!" oder „Ein Mann ohne Bierbauch ist ein Waschlappen". usw. usf.

Wenn dieser trinkende Erwachsene dazu noch freundlich zu dem Kind ist, es oft und gerne auf den Arm nimmt, ist die Konditionierung schon fast perfekt. Als junger Heranwachsender wird man dann noch aufgefordert, mitzutrinken. Am besten noch mit dem „Saufkumpanen" des trinkenden Elternteils. Der erste Rausch wird als Heldentat dargestellt. Jetzt ist unsere Konditionierung perfekt. Alkohol gehört nun zu unserem Leben. Alkohol ist kein Teufelszeug, nein, ganz im Gegenteil, wir haben den Alkohol geistig adoptiert. Er gehört zu uns.

Um das zu verdeutlichen, möchte ich die Lebensgeschichte von Sergej erzählen. Sergej ist in Russland zur Welt gekommen und hat seinen Vater als einen gutmütigen und liebevollen Menschen wahrgenommen, der tagsüber zur Arbeit ging und sich abends um ihn und seine Geschwister gekümmert hat. Der Vater hat immer nach Schnaps und Zigarettenrauch gerochen und Sergej erinnert sich sehr deutlich daran, dass der Vater auch in Gegenwart der Kinder Schnaps getrunken und selbstgedrehte Zigaretten geraucht hat. Kamen die Verwandten, also Oma, Opa, Tanten und Onkel wurde immer das Wiedersehen ausgiebig mit Schnaps gefeiert. Bei diesen Feiern waren natürlich die Kinder stets anwesend und wurden in den Festlichkeiten integriert. Hierbei ging es immer herzlich und vertrauensvoll zu. Als Sergej und seine Brüder in die Pubertät kamen, war es selbstverständlich, dass man ihnen nun einen festen Platz bei den Erwachsenen anbot. Dieser „Platz" erlaubte auch das Trinken von Alkohol. Es war sogar verpflichtend, Schnaps zu trinken. Ein Ablehnen wurde als Unhöflichkeit angesehen. Als die gesamte Sippe nach Deutschland übersiedelte, wurden diese Treffen mit den dazugehörigen Trinkritualen beibehalten. Zu dieser Zeit hatte sich Sergej an den Alkohol gewöhnt und trank auch ohne familiären Anlass, was zur Folge hatte, dass er immer häufiger angetrunken nach Hause kam. Als er eines Tages volltrunken zu einer Familienfeier kam, gab es den ersten und entscheidenden Streit zwischen ihm und seinem Vater. Sein Vater wies Sergej zurecht, indem er ihm vorwarf, dass er mit Alkohol nicht umgehen könne und in seinen väterlichen Augen ein Alkoholiker sei. Sergej warf seinem Vater seinerseits vor, dass er ja auch wie ein Loch saufe. Der Vater erwiderte, dass er nur am Feierabend ein Schnäpschen trinke und bei Feiern sehr wohl seine Grenzen kenne. Zwar trinke er sich an, lasse sich aber nie zu einem Vollrausch hinreißen.

Als Sergej am nächsten Tag auch noch von seiner Mutter über sein Trinkverhalten angesprochen wurde, verteidigte er sich mit denselben Argumenten wie am Vortag, der Vater sei ja auch ein Säufer und überhaupt „der Apfel falle eben nicht weit vom Stamm". Seine Mutter klärte daraufhin ihren Sohn auf, dass der Vater nicht dem Alkohol abgeneigt sei, aber – im Gegensatz zu ihm – seine Grenzen kenne. Im Laufe vieler folgender Gespräche mit seinen Geschwistern und seinen Verwandten wurde Sergej klar, dass er einem kindlichen Irrtum erlegen war.

Erwachsene in seinem Verwandtenkreis tranken zwar gerne Alkohol, hatten aber dieses gut im Griff. Bei Sergej war das nicht der Fall. Er unterlag seinem Irrtum, dass man als erwachsener Mann ständig und nur Alkohol trinken müsse, was ihn zwangsläufig in die Alkoholsucht führte.

Aber nicht nur Kinder unterliegen der Naivität des Alkohols, auch wir Erwachsene lassen uns vom Charme des Alkohols verleiten.

Als ich mit dem Trinken aufgehört habe, glaubte ich zunächst, in einer Parallelwelt zu leben. Was mir vorher nie aufgefallen war, ist die gnadenlose, allseits vorhandene positive und damit höchst verführerische Werbung für alkoholische Getränke.

Kein Werbeblock ohne Bierwerbung. Jede Litfaßsäule wurde schon mit einer Bierwerbung beklebt. In den Beilagen der Zeitungen wirbt immer irgendein Discounter für Alkohol, sei es Bier, Wein, Sekt, Wodka oder Whiskey. Und bevor Sie bei Aldi so richtig in das Warensortiment „eintauchen", laufen Sie an den langen Regalen voller Alkoholika vorbei. Was wird uns da suggeriert?

Doch nur, dass Alkohol immer und überall zu haben ist, das Ganze immer irgendwo extrem günstig. Die Werbung gaukelt uns zudem vor – und dabei spielt es wirklich keine Rolle, um was es sich für ein alkoholisches Getränk handelt – das Alkohol ungemein „sexy" macht (was leider auch noch bis zu einem gewissen Alkoholgrad stimmt). Denn Alkohol entspannt uns zunächst, macht uns locker, redseliger, leutseliger, zugänglicher und ab und an auch liebenswerter – es kommt eben nur auf die Menge an und nicht nach dem allgemeinen Irrglauben: „Viel hilft viel!" Leider zeigt uns die Werbung nie, was passiert, wenn wir von ihrem hochgelobten Produkt zu viel „erwischen" – das wäre ja wirklich absolut „unsexy" und damit äußerst kontraproduktiv. Je mehr wir trinken, desto mehr verdienen die Hersteller. Aber nicht nur die Herstellerwerbung und die Supermärkte mit ihren reichhaltigen Angeboten verführen uns zum Alkohol, auch Filme unterstützen den Irrglauben, dass Alkohol immer und überall dabei sein darf und muss.

Auch hierzu ein Beispiel über die Ursachen der Vergiftung unseres Gehirns mit Alkohol. In meiner Sturm- und Drangzeit lebte ich mit einer Polizistin und einem Lehrerehepaar zusammen in einem Haus. Hin und wieder kam spät abends im Fernsehen ein alter Westernklassiker, den wir uns unbedingt gemeinsam ansehen mussten. Aber einfach so ansehen, das ging nicht. Da musste man schon einige Vorbereitungen treffen, um sich so richtig in den Film hineinversetzten zu können. Also, was brauchte man bei so einem gemeinsamen Filmabend? Klar, eine Schachtel Marlboro und eine Flasche Whiskey! So saßen wir also, rauchend und trinkend vor dem Fernseher und zogen uns die alten Western rein. Das waren noch Helden, diese Cowboys! Reiten wochenlang, ohne Wasser durch die Wüste, treffen halbtot in einer kleinen verstaubten Westernstadt ein und das erste – bevor man den Bösewicht erschießt – ist der Besuch des einzigen Saloons, in dem man sich erst einmal eine Flasche Whiskey bestellt (jetzt wird es jedem klar, weshalb wir Whiskey gekauft haben). Die damaligen (Film-) Helden befriedigten damit ihren Hunger und ungemeinen Durst. Wenn das keine Helden waren!

Der Mensch von heute und sogar ein Trinkprofi, der wochenlang ohne Alkohol durch die Wüste irrt und dabei den schlimmsten Entzug, das nie zu vergessende Delir (wobei er nicht so recht weiß, ob es nicht auch eine Fata Morgana war), würde sicherlich in dieser Wüstenstadt anstatt einer Flasche Whiskey ein fünf Literfass Wasser bestellen. Aber wir sind ja keine Helden. Wir sitzen ja nur vor dem Fernseher und schlürfen unser alkoholisches Getränk und wünschen uns insgeheim, auch einmal im Leben so „Teufelskerle" wie diese Filmhelden zu sein. Und so machen wir uns auf den Weg in den Supermarkt mit Superangeboten an superreichhaltigen Alkoholika und trinken so lange, bis wir glauben, dass wir auch solche Superhelden sind.

Jetzt könnten Sie natürlich argumentieren: „Wer schaut denn heute noch Western an?" Stimmt! Schauen Sie doch einmal die täglichen Nachmittags-Soaps im Fernsehen an. Schauen Sie sich doch einmal die Spielfilme in Fernsehen oder im Kino an. Kaum wird es ein bisschen gesellig, schon taucht das Gläschen Prosecco, das kleine Bier im Stehen, der geschüttelte Martini oder der Wein zum Essen auf. Und alle wirken entspannt, gut gelaunt oder bereit für das nächste Abenteuer.

Wird uns in unserer Gesellschaft nicht eindeutig suggeriert, dass Alkohol zu einem angenehmen und wertvollen Leben dazu gehört?

6.2 Stabilisierung des vergifteten Geistes

6.2.1 Eingeständnis

„Bin ich überhaupt alkoholkrank? Sagen das nur die Anderen? Die haben doch keine Ahnung! Wenn ich will, – wenn ich wirklich will, dann kann ich jederzeit mit dem Trinken aufhören. Ich bin doch kein Weichei! Mir schmeckt es einfach. So ein kühles Bier, das hat schon was. Das sieht man doch in der Werbung, den Typen schmeckt es ja auch. Überhaupt, gerade Bier, ist ja erstens durstlöschend und zweitens, das haben die auch in der Werbung gesagt, ein isotonisches Getränk. Es versorgt also unseren Körper mit lebenswichtigen Mineralstoffen und Spurenelementen."

Und so geht es immer weiter. Es fallen uns noch tausend andere Gründe ein, um uns und den anderen Mitmenschen klar zu machen, dass wir gar nicht so viel trinken und die Behauptung, wir wären Alkoholiker, ein totaler Schwachsinn ist. Aber irren sich den wirklich all die anderen oder irren wir uns?

Das Eingeständnis, dass man alkoholkrank ist, fühlt sich zunächst an wie ein herber Schlag ins Gesicht. Die Ursachen liegen hierfür schlichtweg in unserem sozialen und gesellschaftlichen Verständnis über diese Krankheit. Seit 1968 ist Alkoholabhängigkeit gesetzlich als Krankheit anerkannt, aber was nützt diese gesetzliche Anerkennung, wenn die Gesellschaft Alkoholkranke mit Eigenschaften wie willensschwach, charakterlos, tugendfrei, verwahrlost, schwachsinnig, asozial usw. tituliert? Diese Diffamierungen werden noch verstärkt mit Sätzen wie: „Ich weiß nicht, was Du hast, hör doch einfach auf zu saufen. Ich habe ja auch das Rauchen aufgehört, war gar nicht so schwer. Du musst es nur wollen."

Wenn unser Umfeld unsere „Saufsucht" nicht als Krankheit anerkennt, wie sollen wir es dann selbst schaffen? Wir sind doch mit dem Problem zunächst völlig allein. Natürlich gibt es vereinzelt Menschen in unserem Freundes- und Bekanntenkreis, die uns moralisch unterstützen; doch es sind in unseren Augen zu wenige. Innerlich schreien wir: „Ja, mit Onkel Huberts Diabetes habt Ihr kein Problem und bei Tante Friedas Herzinfarkt seid Ihr alle aus allen Wolken gefallen und habt gebetet, dass sie es überlebt, aber bei mir sagt Ihr nur …!"

Wenn wir keine moralische Unterstützung von unserer Gesellschaft bekommen, ist das persönliche Eingeständnis ein enormer Kraftakt, der sehr viel Mut erfordert.

Nach meinem letzten Entzug war es mir total peinlich, wenn mich meine Schwiegereltern nach meinem Wohlergehen fragten. Mir war es peinlich, wenn sie mich fragten, ob sie in meiner Gegenwart ein Glas Wein zum Abendessen trinken könnten. Nur wenige wussten von meiner Krankheit. Erst nach drei Jahren Trockenheit habe ich im langsam im engen, vertrautem Freundeskreis angefangen zuzugeben, dass ich trockener Alkoholiker bin.

Dieses Buch unter meinen Namen zu veröffentlichen, ist für mich eine Heldentat.

Mit diesen Beispielen möchte ich Ihnen aufzeigen, wie schwer ich traumatisiert bin. Ich schäme mich immer noch, dass ich früher gesoffen habe. Wenn mir heute ein alkoholisches Getränk angeboten wird, verneine ich dies heute noch mit einer fadenscheinigen Ausrede, anstatt klipp und klar zu sagen, dass ich trockener Alkoholiker bin.

Aber all das nützt nichts und bringt uns aus der Abwärtsspirale des Teufelskreises Alkohol nicht raus. Um uns vor dem eigenen Untergang zu schützen und um fremde Hilfe annehmen zu können, müssen wir uns eingestehen, dass wir Alkoholiker sind.

Ich möchte Ihnen gerne den von der WHO empfohlenen AUDIT-Fragebogen hier zur Verfügung stellen und Ihnen die Chance geben, selbst zu prüfen, wo Sie gerade in Ihrer Alkoholabhängigkeit stecken. Abhängigkeit! Ja, das hört sich erst einmal schrecklich an, aber irgendwann müssen die Dinge auch beim Namen genannt werden.

Haben Sie wirklich den Mut, diesen Test für sich und nur für sich zu machen. Sie brauchen niemanden davon zu erzählen. Weder von dem Test, noch von dem Ergebnis. Es geht nur um Sie und um niemand anderen. Mut heißt auch, zu sich selbst zu stehen. Trauen Sie sich, ich habe mich auch getraut.

In diesem Fragebogen werden Sie nach Ihren Trinkgewohnheiten gefragt. Bitte beantworten Sie die Fragen so genau, wie möglich. Als Mengeneinheit wird hier von „1 Drink" gesprochen. 1 Drink entspricht 0,3l Bier oder 1/8 l Wein/Sekt oder 2 einfachen Schnäpsen (38 %, z.B. Weinbrand).

Frage	Punkteverteilung				
	0	1	2	3	4
Wie oft trinken Sie alkoholische Getränke?	Nie	1 mal im Monat oder seltener	2 mal im Monat	3 mal im Monat	4 oder mehrmals im Monat
Wie viele Drinks trinken Sie an einem typischen Trinktag?	1 - 2	3 - 4	5 - 6	7 - 9	10 und mehr
Wie oft trinken Sie 6 oder mehr Drinks zu einem Zeitpunkt?	Nie	Weniger als einmal im Monat	1 mal im Monat	1 mal in der Woche	täglich oder fast täglich
Wie oft können Sie nicht aufhören zu trinken, wenn Sie damit angefangen haben?	Nie	Weniger als einmal im Monat	1 mal im Monat	1 mal in der Woche	täglich oder fast täglich
Wie oft können Sie nicht tun, was von Ihnen erwartet wird, weil Sie Alkohol getrunken haben?	Nie	Weniger als einmal im Monat	1 mal im Monat	1 mal in der Woche	täglich oder fast täglich
Wie oft brauchen Sie schon morgens ein alkoholisches Getränk, weil Sie am Abend oder in der Nacht davor stark getrunken haben?	Nie	Weniger als einmal im Monat	1 mal im Monat	1 mal in der Woche	täglich oder fast täglich
Wie oft haben Sie nach dem Alkoholtrinken Gewissensbisse oder fühlen sich schuldig?	Nie	Weniger als einmal im Monat	1 mal im Monat	1 mal in der Woche	täglich oder fast täglich
Wie oft können Sie sich nicht an den vergangenen Abend erinnern, weil Sie zu viel Alkohol getrunken hatten?	Nie	Weniger als einmal im Monat	1 mal im Monat	1 mal in der Woche	täglich oder fast täglich
Haben Sie sich oder eine andere Person schon einmal unter Alkoholeinfluss körperlich verletzt?	Nie		Ja, aber nicht in den letzten 12 Monaten		Ja, in den letzten 12 Monaten
Hat sich ein Verwandter, Freund oder Arzt schon einmal Sorgen wegen Ihres Alkoholkonsums gemacht oder Ihnen geraten, Ihren Alkoholkonsum zu verringern?	Nie		Ja, aber nicht in den letzten 12 Monaten		Ja, in den letzten 12 Monaten

Auswertung:
Addition der erzielten Punktwerte in den Fragen 1 bis 10.

Interpretation:
Ab 8 Punkten gilt das Trinkverhalten als risikoreich bzw. bereits schädigend. Eine Konsumreduktion oder Abstinenz sollte angestrebt werde

Quelle: Alkoholabhängigkeit, Suchtmedizinische Reihe, Band 1 3.Auflage 2004 (3.75.10.04) S.48 und S.125

Um eine Alkoholabhängigkeit auszuschließen oder zu bestätigen, können Sie zusätzlich noch die von der DHS (Deutsche Hauptstelle für Suchtfragen e.V., Hamm) veröffentlichten Fragen beantworten.

Spüren Sie (häufig) einen starken Drang, eine Art unbezwingbares Verlagen, Alkohol zu trinken?	Ja	Nein
Kommt es vor, dass Sie nicht mehr aufhören können zu trinken, wenn Sie einmal begonnen haben?	Ja	Nein
Trinken Sie manchmal morgens, um eine bestehende Übelkeit oder das Zittern (z.B. Ihrer Hände) zu lindern?	Ja	Nein
Brauchen Sie zunehmend mehr Alkohol, bevor Sie eine bestimmte (die gewünschte) Wirkung erzielen?	Ja	Nein
Ändern Sie Tagespläne, um Alkohol trinken zu können bzw. richten Sie den Tag so ein, dass Sie regelmäßig Alkohol konsumieren können?	Ja	Nein
Trinken Sie, obwohl Sie spüren, dass der Alkoholkonsum Ihnen körperlich, psychisch oder sozial schadet?	Ja	Nein
Interpretation: Bei drei und mehr positiven Antworten ist von einer Alkoholabhängigkeit auszugehen.		

Quelle: Alkoholabhängigkeit, Suchtmedizinische Reihe, Band 1 3.Auflage 2004 (3.75.10.04) S.127

Egal was bei diesen Tests für Sie herausgekommen ist, es geht um das Anerkennen des Ergebnisses. Sollten Sie gemogelt haben, dann war es kein Ergebnis, sondern ein Wunsch.

Wünsche sind zwar schön, sollten aber in diesem Fall nicht ernst genommen werden. Ein „wahres" Ergebnis bedeutet, es ernst zu nehmen und die Ernsthaftigkeit bestätigen wir mit einer inneren Zustimmung. Diese Zustimmung machen wir nur für uns, für niemand anderen. Diese ernstzunehmende Zustimmung nenne ich Eingeständnis.

Ich gestehe mir ein, dass ich entweder Alkoholmissbrauch betreibe oder alkoholkrank bin. Mit diesem Eingeständnis schaue ich nicht mehr weg, schaue ich nicht darüber hinweg, schaue ich nicht mehr woanders hin, zeige nicht mehr auf andere und überlege mir keine weiteren Ausreden. Ich bleibe bei mir und erkenne meine Abhängigkeit an. Dieses Anerkennen ist der erste und entscheidende Schritt für Ihre Gesundung. Denn mit dieser Anerkennung eröffnen sich Ihnen erste Lösungsschritte.

6.2.2 Vorüberlegungen

Geht es Ihnen manchmal auch so, dass Sie sich vornehmen, nie wieder zu trinken? Wenn Sie morgens aufstehen, total verkatert, mit Magen- und Kopfschmerzen gepaart mit einem schlechten Gewissen, kommt Ihnen dann der Gedanke, ich kann nicht mehr, ich will einfach nicht mehr? Malen Sie sich dann auch aus, wie es wäre ohne Alkohol auszukommen?

Kennen Sie die folgenden Gedanken:

„Wie gestalte ich ohne Alkohol meinen Tag? Welche Aktivitäten plane ich? Welche Freunde treffe ich, um sie um Hilfe zu bitten? Wem gestehe ich meine Krankheit noch ein? Wo gibt es Selbsthilfegruppen? Wo kann ich meinen körperlichen Entzug machen? Soll ich das stationär oder ambulant machen? Kenne ich jemanden, der mich hierbei beraten kann? …"

Ich nenne diese Gedankenspiele Vorüberlegungen.

Ich vergleiche gerne die Vorüberlegungen mit dem Spannen eines Bogens. Wir legen die Sehne in den Bogen ein und bringen den Bogen damit in Spannung. Wir legen noch nicht den Pfeil ein, sondern üben zunächst ohne Pfeil. Die Sehne spannen und beobachten, wie sich der Bogen in der Hand anfühlt. Welche Muskeln werden dabei in Anspruch genommen? Wie lange kann ich die Spannung halten, ohne dass ich anfange zu zittern?

Und genau diese Muskelarbeit, – dieses Zittern – veranlasst uns, den Bogen wieder wegzulegen. Wir werden unsere „guten Vorsätze" beiseitelegen mit den Worten: „Morgen höre ich wirklich auf!" und genehmigen uns den ersten Schluck – „Oh Gott, endlich hört dieses Zittern auf!"

Ich bleibe aber dabei, dass wir diese Vorüberlegungen ernst nehmen sollen. Beim nächsten Mal schaffen wir es vielleicht länger, den Bogen auf Spannung zu halten. Bleiben sie dran! Lassen Sie sich nicht entmutigen.

Die Vorüberlegungen sind die Trockenübungen. Mit Ihren Vorüberlegungen sind Sie nicht alleine! Auch Läufer machen sich individuelle Vorüberlegungen, bevor sie sich mit Aufwärm- und Dehnübungen fit für Ihre Tagesstrecke machen. Solche Überlegungen könnten sein: „Wie viele Kilometer möchte ich heute laufen? Wie viele Sprints lege ich dazwischen ein oder laufe ich heute die Strecke einfach im gleichen Tempo durch? Laufe ich mit einem Pulsmesser oder lasse ich es sein. Laufe ich mit oder ohne Musik. Was ziehe ich heute an?" Der einzige Unterschied zwischen Ihnen und dem Läufer ist noch, dass beim Läufer in der Regel Taten folgen.

Ich bin zuversichtlich, wenn wir unsere Vorüberlegungen genauso ernst nehmen, also in unserem Fall, einzugestehen, dass wir alkoholkrank sind, sind wir auf dem besten Weg, dass diesen Vorüberlegungen Taten folgen werden. Diese Zuversicht nährt sich daraus, dass es Ihre persönlichen Vorüberlegungen sind!

Sie haben sich Ihre eigenen Gedanken gemacht. Sie sind der Urvater bzw. die Urmutter dieser Gedanken. Und Sie haben sich Dinge überlegt, die für Sie auch machbar sind oder die Sie sich wünschen. Das ist nämlich der springende Punkt. Das sind keine fremden Überlegungen. Das sind keine Vorschläge von anderen! Das sind Ihre Überlegungen. Und weil diese Gedanken, Wünsche, Träume von Ihnen kommen, sind sie auch bereit, diese umzusetzen.

Aus Vorüberlegungen werden Überlegungen, und zwar konkrete Überlegungen. Wir träumen nicht mehr von einem trinkfreien Tag, wir überlegen uns, wie wir das schaffen können. Wir überlegen nicht nur, wie wir entgiften könnten, nein, wir gehen in die praktische Planung. Auch wenn diese Planung nur eine geistige Vorwegnahme einer möglichen Tat ist, sind das die ersten Schritte.

Glauben Sie, ich habe eines Tages einfach mein Notebook gezückt und drauflos geschrieben und im Nu ist dieses Buch entstanden? Glauben Sie mir, ich habe mir sehr viele Gedanken gemacht, bevor ich das erste Wort in mein Notebook *„reingehackt"* habe. Es ist wahnsinnig viel Zeit für die Planung „draufgegangen". Wie viele Bücher habe ich im Vorfeld gelesen, Gedanken aufgegriffen und wieder verworfen? Wie viele Bücher habe ich im Geiste schon geschrieben? Ich machte mir Gedanken wie: Suche ich mir einen Verlag oder gebe ich dieses Buch als *book on demand* heraus? Brauche ich einen Lektor oder reicht es, wenn jemand mein Werk Korrektur liest? Wie viele Emotionen verträgt dieses Buch? Wie viel Eigenerfahrung lasse ich einfließen?

Aber irgendwann ist es genug. Irgendwann müssen die Überlegungen Gestalt annehmen. Und tatsächlich, ich weiß nicht mehr was der genaue Anlass war – ich glaube ich war einfach reif – da habe ich angefangen zu schreiben. Natürlich kommen unter dem Schreiben Zweifel auf, nach dem Motto: „Bin ich mir noch treu? Schreibe ich wirklich was Neues oder ist es ein Buch, wie alle anderen Ratgeber auch?" – Na und! – Dafür gibt es Freunde, die man um Hilfe bitten kann, die einen bestätigen oder Hilfe anbieten. Und weil ich den tiefsten Wunsch hatte, ein Buch zu schreiben, ist es auch entstanden. Und wenn Sie den tiefsten Wunsch haben, aus der Alkoholkrankheit herauszukommen, dann schaffen Sie das auch! Spannen Sie Ihren Bogen. Nehmen Sie all Ihren Mut und Ihre Zuversicht zusammen und üben Sie.

Lassen Sie sich in Ihren Überlegungen nicht entmutigen.

Um Ihre Vorüberlegungen in die Tat umzusetzen, werden Sie eventuell im Internet recherchieren, Foren durchforsten, Bücher lesen und immer auf einen der größten Bremser stoßen: „Um diese Krankheit dauerhaft zu tilgen, müssen Sie ein Leben lang auf Alkohol verzichten." Ein Leben lang!

„Puh, wie soll das denn gehen?", werden Sie sich fragen und das Aufhören auf später verschieben. „Wenn ich schon ein Leben lang auf Alkohol verzichten muss, dann gebe ich mir noch einmal die Kante, aber so richtig und morgen, beginne ich mit meiner lebenslangen Abstinenz!" Anstatt sich zu ermutigen, werden Sie mit solchen Aussagen noch tiefer in die Alkoholspirale getrieben. Aber, je länger wir mit dem Aufhören warten, umso schwerer wird es uns fallen.

Und weil das alles nicht reicht, sage ich Ihnen den Satz auch noch einmal:

„Wenn Sie wirklich gesund werden wollen, dann dürfen Sie Ihr Leben lang keinen Alkohol mehr trinken. Kontrolliertes Trinken ist nur was für Leute, die Alkoholmissbrauch betreiben und nichts für Profitrinker, die bereits alkoholkrank sind!"

Vielleicht kennen Sie die folgende Lebensweisheit von Epiktet: „Nicht die Dinge selbst beunruhigen die Menschen, sondern die Vorstellung von den Dingen!" oder das Sprichwort: „Die Suppe wird nicht so heiß gegessen, wie sie gekocht wird."

Es ist für uns zunächst wirklich unvorstellbar, ein Leben lang ohne Alkohol zu leben, aber es ist wirklich nur die Vorstellung. Ich konnte es mir auch nicht vorstellen, habe mit meinem Schicksal gehadert und mir heimlich Ersatzdrogen besorgt, nach dem Motto:

„Wenn schon keinen Rausch durch Alkohol, dann zumindest einen durch Marihuana."

Ich weiß leider nicht mehr, wie ich an folgenden erlösenden Satz gekommen bin: „Nur heute, nur heute musst Du es schaffen, ohne Alkohol auszukommen, was morgen ist, wird sich zeigen." Und so habe ich mir gedacht: „Okay, das hört sich machbar an. Einen Tag, das ist überschaubar." Und aus diesem einen Tag, ist ein zweiter, ein dritter, eine Woche, ein Monat, ein Jahr, viele Jahre geworden.

Lassen Sie sich in Ihren Überlegungen nicht irritieren, stecken Sie sich kleine, für Sie und nur für Sie überschaubare Ziele. Und bereiten sich langsam auf Ihre persönliche Kapitulation vor.

6.2.3 Kapitulation

Schon als kleiner Junge liebte ich es, mich mit gleichaltrigen oder noch lieber mit älteren Jungs anzulegen. Mit jüngeren oder Mädchen zu raufen, war für mich ein absolutes „NoGo". Schwächere Jungs stellten keine Herausforderung für mich dar und die damaligen Erziehungs- und Wertvorstellungen verboten es, sich mit Mädchen kräftemäßig zu messen.

Es war immer eine Herausforderung, seine eigenen Grenzen zu erkennen, bzw. den anderen ihre aufzuzeigen. Beim Raufen ging es nicht darum, jemanden zu verletzten, nein, nur darum zu zeigen, wer der Stärkere ist. Natürlich trug man sich auch Prellungen, blutige Nasen und Abschürfungen zu, doch das war nie die Absicht. Es war eher eine versehentliche, wenn auch schmerzliche Begleiterscheinung.

Der Eifer und der Ehrgeiz – der Stärkere zu sein - packte mich besonders, wenn es um gleichaltrige Jungs ging. Natürlich zog ich mir Niederlagen zu, doch diese wollte ich nicht so einfach stehen lassen. Also wurde nach kurzer Zeit meinerseits eine „Kampfansage" ausgesprochen. Niederlagen, die ich von Älteren einstecken musste, konnte ich viel besser weg stecken. Ein „Nachtarocken" gab es da nicht.

Zwei Ereignisse, die fast tödlich ausgingen, beendeten meine Raufkarriere. Beide Male ging es dabei nicht um mich; auch spielte die alterstypische Suche der Rangordnung – wer ist der Stärkere – keine Rolle. Anlass waren beide Male von mir wahrgenommene Ungerechtigkeiten.

Beim ersten Mal durften kleinere Jungs nicht mit auf der von uns „Großen" selbst angefertigten Eisbahn spielen. Die Eisbahn war ein großer Schneeberg mit mehreren vereisten Bahnen, auf denen Wasserflaschen von oben nach unten rasten. Ich „schnappte" mir den Gleichaltrigen, der den kleineren Jungs dies verbot und stellte ihn zur Rede. Da er kein Einsehen hatte und noch rotzfrech meinte, der Schneehügel stehe in seinem Garten, packte ich ihn und drückte ihn so lange in den Schnee, bis er blau anlief. Hätten Freunde nicht eingegriffen, wer weiß, wie das ausgegangen wäre.

Der zweite Vorfall ereignete sich beim Fußballspielen. In meiner Jugendzeit war ein echter Lederball eine absolute Rarität. Eines Tages kam ein Junge mit einem echten Lederball auf unseren Sportplatz. Wir durften nur mit diesem Ball spielen, wenn der Junge in der stärkeren Mannschaft mitspielen durfte.

Leider war die vermeintlich stärkere Mannschaft doch nicht überlegen, so dass die „Schwächeren" zu gewinnen schienen. Daher wechselte der Balleigentümer im Spielverlauf zur scheinbar besseren Mannschaft über. Nachdem diese dann doch zu verlieren schien, wollte er wieder bei der ersten Mannschaft mitspielen. Mir riss der Geduldsfaden und ich sagte: „Geh nach Hause, wir spielen mit unserem alten Plastikball weiter." Leider sah dies ein anderer Mitspieler nicht so und stürmte schimpfend auf mich los. Er schubste mich vom Zaun, auf dem ich gerade saß. Kurzerhand stürmte ich meinerseits auf den Jungen los, packte ihn an den Haaren und schlug ihn so lange mit dem Kopf gegen die Wand, bis er ohnmächtig wurde. Ein Krankenwagen musste gerufen werden. Nach diesen zwei Ereignissen schwor ich mir, nie wieder körperlich gegen jemanden vorzugehen.

Als junger Erwachsener traf ich Jahre später auf einen Typen namens *Alkohol*.

Nach langer Zeit hatte ich wieder das dringliche Bedürfnis, mit jemandem zu raufen. Der Typ schlug mir vor, es mit ihm doch zu versuchen. Ich hatte anfangs den Eindruck, dass *Alkohol* ein extrem schwacher Gegner sei. So hielt ich zunächst an meinem Grundsatz fest, mich mit Schwächeren nicht mehr abzugeben.

Doch immer wieder forderte er mich heraus und ich hatte das Gefühl, dass er nach jeder Rauferei gegen mich stärker wurde.

Als er mich das erste Mal besiegte und ich mit starken Kopfschmerzen, verstimmtem Magen und einen Filmriss am Tag nach dem Kampf aufwachte, schwor ich mir, es ihm heimzuzahlen. Über die Jahre hinweg lieferten wir uns Raufereien, die manchmal ich, aber meistens *Alkohol* gewann.

Ich kam ins Nachdenken: Wie kann es sein, dass jemand stärker und stärker wird, je mehr und länger er kämpft? Oder war es umgekehrt? Wurde ich immer schwächer und schwächer?

Auch erholte ich mich nach den Kämpfen nicht mehr so schnell. Ich blieb nach den Raufereien länger liegen; und mein Körper wurde mehr und mehr in Mitleidenschaft gezogen. Im weiteren Verlauf bekam ich Magenkrämpfe, Zittern, Schweißausbrüche und zu guter Letzt auch noch Schuppenflechte. Trotz dieser Schwächung suchte ich täglich den Kampf mit ihm.

Meine Frau, meine Kinder und Freunde warnten mich vor dieser „Freundschaft". Sie sahen, wie ich aus diesen Kämpfen mittlerweile herauskam: angeschlagen, erbärmlich, mitleiderregend. Und trotzdem war ich süchtig nach dieser eigenartigen Freundschaft mit den täglichen Kämpfen.

Eines Tages war ich nach einem nächtelangen Ringen und Kämpfen so am Boden zerstört, dass ich mir eine Auszeit von dieser Freundschaft nahm. Ich merkte auf einmal selbst, dass sie mir nicht gut tat. *Alkohol* war aber ein „wahrer Freund". Er bot mir an, mich nicht mehr so hart zuzuschlagen und mir eine Chance zu geben, auch wieder einmal als Gewinner nach einem nächtelangen Kampf hervorzugehen.

Doch leider konnte er dieses Versprechen nicht lange und oft genug einlösen, damit sich ein Gleichgewicht der Kräfte zwischen uns einstellen konnte. Kaum kämpften wir, vergaß er all seine Versprechen und „verklopfte" mich genauso hart, wenn nicht noch härter als zuvor.

Es gibt einen Spruch, der lautet: „Der Klügere gibt nach!"

Und genau das tat ich. Mir wurde bewusst, dass ich nie eine wirkliche Chance gegen *Alkohol* haben würde. Er war und blieb einfach der Stärkere. Das erinnerte mich auch an meine Kindheit, in der ich nie nach einer Niederlage gegen ältere Jungs einen weiteren Ringkampf einforderte.

Ich war und würde *Alkohol* ein Leben lang unterlegen bleiben. Jeder Kampf, auch wenn am Anfang noch so lustig und leicht, würde stets in einer totalen Niederlage enden. Und bei jedem Kräfteringen würde er stärker und ich schwächer werden. Für mich gab es nur noch einen Ausweg: Die Kapitulation. Hier half mir die Erinnerung an meine Jugend: Wenn ich mit meinen Emotionen und Kräften nicht richtig dosiert umgehen kann, könnte hierdurch schnell eine lebensgefährliche Situation von mir verursacht werden.

Ich musste anerkennen, was ist.

Anerkennen, dass ich nie und nimmer eine Chance gegen den Alkohol haben werde. Anerkennen, dass er der Stärkere ist und ich der Schwächere bin.

Eine ernüchternde Erkenntnis, aber wahr!

Doch die Kapitulation hat auch eine positive Seite: Wenn man dieses Ungleichgewicht anerkennt, fällt es einem ganz leicht, davon loszulassen! Es gibt keine Verführung mehr, nach dem Motto: „Kontrolliertes Trinken", oder „Nach so einer langen Trockenzeit, da kann man sich doch ein Gläschen genehmigen." Nein, denn die Kräfte sind ein Leben lang verteilt. Der Alkohol ist und bleibt der Stärkere.

Prüfen Sie für sich selbst, ob es sich bei Ihnen auch so verhält, wie es sich bei mir verhalten hat. Sollten Sie auch dem Alkohol unterlegen sein, so akzeptieren Sie dies. Lassen Sie sich nicht auf falsche Versprechen ein. Erkennen Sie an, dass der Alkohol stärker ist.

Oft hilft es, wenn Sie mit dem folgenden Bild arbeiten:

Sie gehen auf der Straße spazieren und zwei Jugendliche kommen auf Sie zu. Die Jungs rempeln Sie an und beschimpfen Sie. Sie wollen sich das nicht gefallen lassen und drohen den Beiden Prügel an. Auf einmal pfeift einer der Jugendlichen und es stehen zwei weitere Typen um Sie herum. Okay, Vier gegen Einen – nicht gerade fair. Aber das sind doch bloß kleine Jungs!

Jedem eine auf den Kopf und es ist Ruhe. Die sollen doch jemand anderes anpöbeln. Ich lass mir das nicht gefallen! Aber kaum haben Sie diesen Gedanken gefasst, zückt jeder dieser vier Jugendlichen einen Revolver, den er auf Sie richtet. Einer der Jungs sagt Ihnen, dass Sie keine Chance haben. Er droht Ihnen sogar mit den Worten, dass sie nicht nur zu viert, sondern ganz viele sind und dass Sie keine Chance haben.

Wollen Sie wirklich weiterkämpfen? Aussichtslos! Sie werden doch sicherlich die Überlegenheit der Jugendlichen anerkennen.

Wenn Sie diese Überlegenheit anerkennen, dann können Sie auch die Überlegenheit des Alkohols anerkennen. Alkohol ist wie ein Jugendlicher: Am Anfang harmlos, vielleicht frech, und Sie glauben, Sie werden dem schon beikommen.

Doch der Alkohol ist nicht alleine, er hat viele Gleichgesinnte. Er kommt als Gläschen Wein, als ein Glas Bier, als Prosecco, als kleiner Rausch daher. Und wenn Sie ihn herausfordern, dann kommt das Likör, der Schnaps, der Cognac, der Whiskey oder ein Klosterfrau Melissengeist dazu.

Dieser Kampf ist aussichtslos und Kapitulation die einzige Lösung.

6.2.4 Gegenkonditionierung

Wie ich bereits im Kapitel „Ursachen der geistigen Erkrankung" erwähnt habe, haben entweder unsere kindliche Vorstellung und/oder unsere gesellschaftliche Akzeptanz uns auf den Konsum von Alkohol konditioniert. Wir haben Alkohol gedanklich verinnerlicht und er gehört zu unserem Alltag. Die Vorstellung, ohne Alkohol auskommen zu müssen, ist ungemein schwierig nach dem jahrelang verinnerlichten Gedankenmuster: „Ein echter Kerl braucht sein Bier. Ohne Alkohol kannst Du nicht fröhlich sein. Wenn Du keinen Alkohol trinkst, gehörst Du nicht zu uns. Alkohol macht sexy und das willst Du doch sein." Diese und viele andere schon erwähnte Vorstellungen, die uns in Fleisch und Blut übergegangen sind, brauchen einen Gegenpol, also eine Gegenkonditionierung.

Wir sind aufgefordert, unseren „Alkoholgedanken" etwas entgegenzusetzen, das genauso „wirklich" und ebenso attraktiv ist. Und das ist beileibe keine leichte Aufgabe, denn schon bei der kleinsten gesellschaftlichen Zusammenkunft werden wir mit Alkohol und dessen vermeintlich positiver Wirkung konfrontiert:

Mit Sekt wird in der Regel auf das Geburtstagskind angestoßen, bei einem gemeinsamen Abendessen mit Freunden wird Ihnen meist ein Aperitif oder ein Glas Wein angeboten. Bei den ehemaligen Saufkumpanen winkt man Ihnen mit der Schnapsflasche. Und alle meinen es ja gut, denn Alkohol macht uns doch so gesellig, entspannt und verbindet uns. Die Werbung – ich muss mich hier leider wiederholen – tut ihr Übriges dazu. Und dann stehen wir da – verkrampft, verspannt, unter Strom gesetzt, um eine Ausrede ringend, warum wir nicht trinken wollen oder dürfen und schreien innerlich nach Hilfe. Und diese Hilfe heißt, einen attraktiven Gegenpol zum Alkoholtrinken zu finden.

Ob ich für mich einen wirklichen Gegenpol gefunden habe, weiß ich nicht. Doch der Gedanke an Alkohol und seine Wirkungen auf meine körperliche und geistige Grundstimmung verleidete mir das Alkoholtrinken.

Ich wollte nie mehr so fertig, so aufgeschwemmt und so unattraktiv sein. Der Gedanke, wie ich wankend zum Discounter gehe und mir noch eine Flasche Wein kaufe, wie ich torkelnd mit meinem Hund spazieren gehe, wie ich um Entschuldigung lallend ins Bett falle, obwohl Gäste bei uns waren, wie mir auch an kühlen Tagen der Schweiß in Strömen den Rücken runterlief, wie ich mich bemühen musste, mit meinen zittrigen Händen den Schlüssel in das Schloss zu bekommen – nie, nie wieder!

Und über den Unsinn, den ich in den angetrunkenen Momenten gedacht und gesagt habe, möchte ich erst gar nicht nachdenken.

Es ist ein echtes Glücksgefühl – und das benötigen wir dringend als Belohnung unserer Gegenkonditionierung – wenn mich meine älteste Tochter nach Mitternacht anruft und mich bittet, sie von einer Party abzuholen (was mir zwar nicht immer leicht fällt, wenn sie mich aus dem Schlaf reißt, aber – ja, ein großes ABER – ich kann fahren, ohne mich, meine Tochter und andere Straßenbeteiligte durch meinen Suff zu gefährden, weil ich nüchtern bin).

Es ist ein Glücksgefühl in eine Straßenkontrolle zu kommen – ehrlich wahr – und dann lässig zu fragen, ob man einmal in den Alkomaten blasen darf (die Polizisten schauen da echt irritiert drein). Es ist auch ein Glücksgefühl, wenn sich meine Frau auf einem Fest ein Glas Wein genehmigt und sich 100%ig darauf verlassen kann, dass ich anschließend nach

Hause fahre. Ich könnte noch viele Beispiele aufzählen, doch um was es geht, wird schon jetzt sichtbar: Das Wissen, dass sich andere Menschen heute 100%ig auf mich verlassen können. Dieses Gefühl ist absolut erhebend. Dies macht mich unendlich stolz und bestärkt mich, dass ich auf dem richtigen Weg bin: auf dem Weg der Alkoholabstinenz.

In der Vergangenheit und auch das ist mir heute vollkommen klar, konnte man sich auf mich nie verlassen. Zu sehr war ich mit mir und dem Alkohol beschäftigt, da hatten andere Menschen und andere Befindlichkeiten keinen Platz. Es ist für mich auch ein totales Glückgefühl, dieses Buch zu schreiben, egal wie viele Leute es lesen, egal ob sie es gut oder schlecht finden, wichtig ist für mich, dass ich überhaupt in der Lage bin, es zu tun. Ganz ehrlich: Glauben Sie, so was geht im Suff oder unter Drogeneinfluss? Sie wissen es nicht? Kein Problem, das kriegen wir hin.

Trinken Sie einfach Ihre gewohnte Alkoholmenge und wenn Sie sich so richtig wohlfühlen, fangen Sie an, irgendetwas zu schreiben. Das Geschriebene lesen Sie sich dann am anderen Tag nochmals nüchtern durch.

Wir brauchen aber nicht nur auf der körperlichen Ebene eine Gegenkonditionierung, sondern auch auf der geistigen. Wir müssen auch unseren Geist befriedigen. Auch er hat einen Anspruch, dass wir uns mit ihm beschäftigen und uns ihm zuwenden. Nur zu sagen, "no alcohol" ist ihm zu wenig.

Machen Sie sich also Gedanken, mit was Sie sich gerne gedanklich beschäftigen wollen. Mit Lesen und Schreiben – so wie ich – oder mit Schach spielen, mit dem Erlernen von Zaubertricks – kommt übrigens immer super an – mit Sprachen lernen oder dem Planen von Reisen.

Machen Sie sich Gedanken, was Sie aus Ihrem Leben gerne machen möchten, wie Sie einen neuen Job finden werden oder vielleicht sogar einen anderen Beruf ausüben unter der Prämisse: „geht nicht, gibt's nicht!"

Suchen Sie sich ein Hobby, dem Sie gerne nachgehen würden. Bleiben aber immer bei sich. Schauen Sie nicht auf die anderen Leute und sagen Sie zu sich: „Das möchte ich auch gerne können." Das „bei sich bleiben" können Sie so verstärken, indem Sie sich vor den Spiegel stellen – ja, vor den Spiegel und fragen Sie sich: Was möchtest DU, was wünscht DU dir?" In Ihrer „nassen" Phase haben Sie den Blick in den Spiegel irgendwann vermieden – dies dürfen Sie jetzt getrost ausgiebig nachholen.

Das soll nicht bedeuten, dass Sie alles, was Sie sich gedanklich vorgenommen haben, nun sofort umsetzen müssen. Doch nun beschäftigen Sie damit aktiv Ihren Kopf. Ihre Gedanken kommen dann automatisch von Ihrem ständigen gedanklichen Kreisen um den Alkohol weg. Und irgendwann kommt Ihnen eine greifbare, für Sie realisierbare Idee und Sie werden merken, mit wie viel Energie Sie an diese Sache herangehen werden. Der Alkohol wird so immer mehr in den Hintergrund gedrängt.

Leider zunächst nur in den Hintergrund. Er ist immer noch da und lugt aus der Ecke hervor. Und wenn Sie nicht aufpassen, nimmt er wieder Besitz über Ihre Gedanken ein. Aber das – und da können Sie wirklich sehr zuversichtlich sein – passiert Ihnen nur in der Anfangsphase.

Diese Anfangsphase nenne ich die Zeit der „nassen" Gedanken, die uns immer wieder heimsuchen. Die Frage drängt sich auf, wie lange diese Phase dauert. Keine Ahnung, bei mir waren es sicherlich sechs Monate. Doch es wird immer leichter, von Tag zu Tag, aber die Gedanken an Alkohol sind da. Sie springen einen aus dem Hinterhalt an und versuchen Gewalt über unser Denken zu bekommen. Doch wenn wir das wissen, können wir uns dagegen wappnen. Es reicht einfach nicht aus, dass wir körperlich *trocken* sind, wir müssen auch unseren Geist „trocken legen".

Gerade am Anfang ist höchste Vorsicht geboten, denn die Gedanken an Alkohol und seine Verführungskünste sind außergewöhnlich raffiniert und kommen zu den ungewöhnlichsten Zeitpunkten. Man kann in diversen Büchern immer wieder lesen, dass sich Personen absolut sicher gegenüber den Verführungsmöglichkeiten des Alkohols gefühlt haben und plötzlich – nach vielen Wochen erfolgreicher Alkoholabstinenz – landete beim Einkaufen eine Flasche Schnaps in ihren Einkaufswagen. Auf Nachfrage, wussten die betroffenen Personen oftmals selbst nicht, wie diese Flasche in ihren Einkaufkorb gekommen war.

Ein Bekannter berichtete mir, dass er abends von einem ungewöhnlichen Durstbedürfnis aufgewacht sei. Anstatt Wasser oder Saft zu trinken, ging er in den Keller und trank – wie ferngesteuert – eine Flasche Bier in einem Zug aus. Nach dieser Geschichte wusste ich auch, weshalb in vielen Ratgebern immer davor gewarnt wird, keinen, aber wirklich absolut keinen Alkohol im Hause zu haben. Wir können uns in der „geistig nassen" Phase noch nicht gegen die Verführung des Alkohols wehren.

Aber wie überstehen wir diese „nasse" Zeit?

In den nächsten Kapiteln möchte ich Techniken schildern, die ich angewandt habe, um die „nasse" Zeit zu überwinden. Während andere „Alkoholopfer" diese „nasse" Phase recht locker überstanden haben, habe ich wie ein Hund gelitten. Allein der Gedanke, was ich da durchgemacht habe, hindert mich daran, nochmals mit Alkohol zu experimentieren. Denn, ich gestehe, es gab während meiner Saufkarriere auch Phasen, die mich beglückten, die ich total toll fand. Und diese seltenen, aber glücklichen Phasen suchten mich gedanklich heim, als ich auf dem Weg in die Trockenheit war.

6.2.5 Andere Wege

Um mich gegen die Verführungskünste des Alkohols erfolgreich wehren zu können, habe ich in der Anfangszeit meiner Abstinenz alles getan, um dem Alkohol aus dem Weg zu gehen.

Klar, als erster Tipp in jedem Ratgeber: den eigenen Wohnraum alkoholfrei zu machen. Alle, aber wirklich alle Arten von Alkohol mussten verschwinden. Sogar der geliebte Küchen-Sherry, der vom Starkoch empfohlene Koch-Wein, die kleinen Pikkoloflaschen Sekt meiner Frau, die angebrochenen Flaschen Wein und Aperitifs, alles musste weg. Als nächstes habe ich dann meine heimlichen „Depots" gereinigt. Ich war erstaunt, wo ich überall leere Flaschen versteckt hatte – die letzte Flasche habe ich nach fünf Jahren gefunden, als ich eine Kiste mit altem und verstaubtem Ostereierschmuck entsorgt habe.

All das sind Aktionen, die wir – wenn die Familie mitspielt – leicht machen können. Im Weiteren bekam ich zunächst eine absolute Verweigerungshaltung, im Supermarkt einkaufen zu gehen. Denn ich stellte sehr schnell fest, dass ich plötzlich ein sehr starkes Interesse an den verschiedensten Sorten und Marken von Whiskey – ich habe das Zeug nie gemocht – entwickelte. Um dem zu entgehen, drehte ich mich immer krampfartig weg, wenn ich an den Regalen voll mit Alkoholika vorbeiging. Das hat mir einfach keinen Spaß gemacht, denn diese Aktionen lösten einen ungemeinen „Saufdruck" bei mir aus. Ich musste in diesen Situationen ständig an Alkohol denken. Also war es die einzig gangbare Möglichkeit für mich, den Gang zum Einkaufen zu verweigern.

Erstaunlich war auch für mich, dass alte und eingefahrene Wege, also der Weg zur Arbeit, der Spaziergang mit meinem Hund, der Spaziergang zu Freunden bei mir ein ungemeines Verlangen nach Alkohol – diesen „Saufdruck" – auslösten. Die Ursache hierfür war relativ einfach gefunden: Von der Arbeit nach Hause, schnell ein kühles Bier am Kiosk, beim Spaziergehen mit unserem Hund habe ich mich gerne auf ein Bänkchen gesetzt und das im Rucksack verstaute Bier getrunken. Bevor ich mich mit Freunden getroffen hatte, kam die Tag und Nacht geöffnete Tankstelle mit ihrem Alkoholdepot mir gerade gelegen. Und all diese jahrelangen „liebgewonnen" Wege mit ihren Trinkstationen, schossen mir in das Gehirn, wenn ich sie betrat. Es gab nur noch eine Möglichkeit, dies zu unterbinden. Ich musste mir andere Wege suchen. Und das ist gar nicht so leicht, denn die alten Wege sind in unseren Köpfen und in unseren Körper fest abgespeichert.

Der alte Weg zur und von der Arbeit, war natürlich der kürzeste. Ich bin bis zu zwei Kilometer Umweg gefahren, um die alten Pfade nicht mehr betreten zu müssen und die damit verbundene Trinkgewohnheit nicht mehr geistig hervorzurufen. Es war sehr bequem für mich, den Hund zu schnappen und einfach in den naheliegenden Wald mit dem kleinen Bächlein und dem schattigen Bänkchen loszuwandern, das mich einlud Platz zu nehmen und ein Bierchen zu trinken. Unglaublich: kaum sah ich die Bank, drängte sich der Gedanke auf: „War doch eine schöne Zeit hier zu sitzen, dem Hund beim Wasserplantschen zuzusehen und ein oder zwei Biere zu trinken." Ich sah nur eine Alternative: „Suche Dir andere Wege!" Heute ist es mir egal, heute achte ich nicht mehr darauf, aber in meiner „geistig nassen" Phase war es der einzig gangbare Weg, die alten Pfade nicht mehr zu betreten.

Ich musste einfach von den alten und mir lieb gewonnen Gewohnheiten Abschied nehmen.

6.2.6 Andere Gewohnheiten

Aber nicht nur die alten Pfade mit Ihren Trinkstationen lösten bei mir den Wunsch nach Alkohol aus, sondern ganz banale Dinge, wie das abendliche Fernsehen. Es war mir fast nicht mehr möglich, meinen geliebten Sonntagabend-Tatort anzusehen. Denn in meiner „nassen" Phase war der *Tatort* geistig fest verknüpft mit dem Trinken von ein, zwei oder drei Gläsern Wein.

Bei der Konditionierung bedienen wir uns auch der Verknüpfung mit anderen Dingen. Laut Neurowissenschaft können wir uns recht gut sieben Zahlen, Wörter, Begriffe usw. merken. Verknüpfen wir aber Dinge bzw. Gegenstände miteinander, so können wir uns ein Vielfaches mehr merken. Und genauso verhält es sich mit der Trinkerei. Immer dann, wenn wir etwas machen und dabei zur Flasche greifen, merken wir uns das.

Bei mir war es das Filme schauen. Zum *Tatort* gehört der Wein. Beim Samstagabend-Western musste Bier getrunken werden. Im Kino waren das salzige Popcorn und das Pils Pflichtprogramm. Was gibt es Schöneres als das kühle Weizen auf der Alm, nachdem ich mich doch so auf den Berg hochgekämpft hatte: „Das hat man sich doch verdient!" oder „Alle anderen machen das doch auch!"

Nach der Arbeit, auf dem Weg nach Hause noch ein schnelles Bier. Die Wäsche im Keller muss gemacht werden. Also schmutzige Wäsche in die Waschmaschine rein und die bereits fertige, aber noch nasse Wäsche auf die Leine. Da hat doch zeitlich leicht ein Pils dazwischen Platz. Ich war und bin ein leidenschaftlicher Koch. Und zur Küche gehört eben der Alkohol. Das deftige Gulasch wird mit Rotwein aufgegossen, die Schwarte des Schweinebratens mit Bier eingestrichen, Dunkelbiersoße zum Krustenbraten usw. Nur benötigt man nicht viel Alkohol dazu, also was macht man mit dem Rest? Der wird eben getrunken. Wäre doch schade drum!

Viele Tätigkeiten waren bei mir mit dem Konsum von Alkohol verknüpft. Und jetzt, als ich eben körperlich trocken war, merkte ich, bei welchen Gelegenheiten ich immer Alkohol zu mir genommen hatte. Schaute ich fern, bekam ich ein ungemeines Verlangen nach Wein oder Bier. Kochte ich, so ging mir der Alkohol ab. Meine Gedanken kreisten immer und immer wieder um dieses Thema.

Es führte dazu, dass ich fast nicht mehr fernschaute. Lieber ging ich in die Küche und las ein Buch. Eine Alternative war für mich auch der Besuch einer Sauna (Sauna und Bier, war für mich kein Thema). Oder ich verzog mich ins Bad und lag völlig entspannt in der Badewanne. Ich suchte mir einfach Alternativen, die kein Verlangen nach Alkohol auslösten.

Um im Haushalt zu funktionieren, also Essen kochen, Wäsche machen usw., musste einfach eine „Ersatzdroge" her. Anstatt mich mit Alkohol zu „belohnen" fing ich an, Kaffee zu trinken.

Immer, wenn ich geglaubt habe, das verdient jetzt eine Belohnung, habe ich anstatt Alkohol teure, von mir selbst gekaufte Säfte getrunken. Diese Säfte durfte nur ich trinken, meinen Kinder und meiner Frau waren diese Getränke verwehrt. Das war für mich ein wichtiges Signal. Ich habe jahrelang den selbst gekauften Alkohol alleine getrunken, also trinke ich auch alleine diese von mir selbst gekauften Säfte. Meine Frau und meine Kinder haben mich bei dieser sehr eigennützen Genusstrinkerei unterstützt und mir fast nie einen Saft „stibitzt".

Auch wenn Sie, keinen „Saufdruck" mehr haben, bzw. wenn Sie weiterhin gewohnte Tätigkeiten ausüben, ohne dabei an Alkohol zu denken, dann passen Sie dennoch auf:

Wie bereits erwähnt, ist Alkohol hochgradig raffiniert. Er schleicht sich an und drängt sich uns unweigerlich auf. Ein Trick, den Sie sicherlich schon öfters gehört haben, besteht darin, wann immer Sie Lust verspüren, Alkohol zu trinken, dann schütten Sie Ihre Alkoholsehnsucht mit viel, ganz viel Wasser oder verdünntem Saft hinunter. So ein schöner runder Wasserbauch verhindert, dass wir da noch Lust verspüren, ein Bier oder einen Wein nachzuschütten.

Auch unsere gesellschaftlichen Gewohnheiten sollten wir in Frage stellen und gegebenen Falls ändern. Wann werden wir Alkoholiker geschätzt? Nicht in dem Zustand der Volltrunkenheit – nein, in dem Zustand, der gesellschaftlich akzeptabel ist. Wir Alkoholiker versuchen, unsere Krankheit so lange wie möglich zu verheimlichen. Um dies zu gewährleisten, werden viele von uns Alkoholikern in der Öffentlichkeit zu JA-Sagern. Die Dynamik, die sich hinter dem JA-Sagen verbirgt ist: „Bloß nicht negativ auffallen".

Überstunden in der Arbeit werden schneller akzeptiert. Auch unangenehme Arbeiten werden hingenommen. Arbeiten, für die wir eigentlich nicht zuständig sind, nehmen wir bereitwillig in Kauf. Verwandte, die wir nicht leiden können, werden trotzdem besucht. Einladungen, auf die wir keine Lust haben, nehmen wir an. Dieses Verhalten wird sehr lange aufrechterhalten und ist typisch für uns.

Wir sind aufgefordert, allmählich abzuwägen, wann wir Ja oder Nein sagen müssen und wollen. Denn oftmals ist ein Nein ein Ja zu uns selbst. Wenn wir wirklich dauerhaft trocken bleiben wollen, müssen auch solche Überlegungen angestellt werden.

Die Mehrarbeit, die unangenehmen Arbeiten, die Besuche bei Verwandten, die wir nicht ausstehen können, haben uns nicht gut getan. Wir haben all das nur geschafft, indem wir Alkohol getrunken haben. Das klassische „Die Schlange-beißt-sich-selbst-in-den-Schwanz-Syndrom". Wenn wir das nicht abstellen, ist ein Rückfall vorprogrammiert.

Das ist kein Aufruf zum Ungehorsam. Ganz und gar nicht! Das hat mit Aufmerksamkeit und eigener Wertschätzung zu tun. Ein Bekannter sagte einmal zu mir: „Ich umgebe mich in meiner Freizeit nur noch mit Leuten und Dingen, die mir gut tun, denn es gibt genügend Dinge im Leben, die unangenehm sind und trotzdem von mir gemacht werden müssen". Und das ist eben das Leben: Kein Ponyhof, auf dem jeder machen kann, was er will. Das Leben ist aber auch nicht die reine Hölle, in der wir alles hinnehmen müssen. Wir können unser Leben selbst gestalten. Wir müssen unsere Jobs machen, weil wir dafür bezahlt werden, aber nicht um jeden Preis. Wir brauchen den sozialen Rückhalt von unserer Verwandtschaft und von Freunden, aber nicht um jeden Preis.

6.2.7 Andere Freunde

„Bei solchen Freunden, brauche ich keine Feinde!"

Es ist ganz wichtig, dass wir in unserer Anfangszeit prüfen, welche Freunde unsere Trockenheit mittragen, indem sie uns in unserem Vorhaben bestärken und – so gut es geht –unterstützen. Anders als solche „Freunde", die uns eher zum Trinken animieren mit Worten wie: „Jetzt bist Du doch schon so lange trocken, jetzt kannst Du es auch wieder versuchen", „Ein Bier hat noch nie geschadet." oder „Seit Du nichts mehr trinkst, kann man mit Dir nichts mehr anfangen." – Aussprüche wie diese schaden uns massiv und erhöhen die Gefahr, dass wir wieder zur Flasche greifen.

Wir brauchen zu Anfang, die bestmögliche moralische Unterstützung. Denn wir haben nicht nur aufgehört zu trinken, wir fangen an, uns zu verändern. Zum Beispiel haben wir früher Entscheidungen gerne unserem Partner überlassen, Dinge auf die lange Bank geschoben, wie Bankbesuche oder Steuererklärungen und auf einmal interessieren wir uns für solche Dinge oder packen sie unverzüglich an.

Die Familie, die Eltern, die Kinder und Arbeitskollegen haben sich nicht verändert, aber wir haben uns verändert. Und da braucht es Freunde, die uns unterstützen, die uns eventuell auch in unserem Tatendrang einbremsen, die uns in den Arm nehmen, wenn wir glauben, die anderen mögen uns nicht mehr – obwohl das sicher nicht so stimmt, sie sind nur manchmal überfordert mit uns. Freunde die uns bestärken, wenn wir wie orientierungslos durch die Gegend laufen und nicht mehr wissen, was falsch und was richtig ist. Sie werden zu unserem persönlichen Kompass.

Sie haben keine solchen Freunde? Stimmt das wirklich, oder haben wir sie irgendwann in unserer Saufkarriere verloren oder links liegen gelassen? Kann gut sein, doch dann sollten wir über unseren Schatten springen und „alte" Kontakte wieder anfangen zu pflegen. Es kann gut sein, dass wir eine Abfuhr erhalten, genauso wie wir unseren Freunden eine solche – in unserer nassen Zeit – erteilt haben. Sollte das der Fall sein, so können wir uns einer ortsansässigen Selbsthilfegruppe anschließen. Ich selbst bin seit dem ersten Tag meiner Trockenheit in solch einer Gruppe dabei und habe dies nie bereut. Es ist unheimlich wichtig, dass Sie eine Gruppe finden, in der Sie sich aufgehoben und wohlfühlen, denn oftmals werden Themen angesprochen, die ans „Eingemachte" gehen und da ist Vertrauen eine absolute Voraussetzung.

Wie heißt es so schön bei Friedrich Schiller: „Drum prüfe, wer sich ewig bindet!" Eine respektvolle Selbsthilfegruppe ist fast so etwas wie eine Familie. Hier wird keiner ausgeschlossen, hier können wir über alles reden, über „Gott und die Welt schimpfen" und Rat einfordern, wenn wir nicht mehr weiterwissen.

Haben Sie den Mut, seien Sie sich nicht zu stolz, versuchen Sie echte Freundschaften zu schließen, denn Sie werden merken, dass es keine bessere Unterstützung für unsere Genesung gibt. „Ein Freund, ein guter Freund, das ist das Schönste was es gibt auf der Welt", sangen schon so treffend die Comedian Harmonists.

6.3 Suchtverlagerung

Es darf nicht unerwähnt bleiben, dass es auch auf der geistigen Ebene zu einer Suchtverlagerung kommen kann. Wir merken das schnell, wenn wir anfangen, die Beipackzettel von Medikamenten, die Lebensmittelhinweise, die Zutaten bei Lebensmitteln, usw. akribisch zu studieren. Es gibt Personen, die machen sich und ihre Umwelt fast hysterisch, wenn sie Weinsauerkraut, Weinessig, Weingummibärchen lesen und uns warnen, dass beim Verzehr dieser Lebensmittel ein Rückfall vorprogrammiert ist.

Andere Mitmenschen haben kaum ihren körperlichen Entzug hinter sich und fangen an, ihre Umwelt zu bekehren, finden Alkohol, sollte als Medikament nur noch in Apotheken und am besten ausschließlich vom Arzt verordnet, zu beziehen sein. Wieder andere, selbst kaum trocken, äußern den Wunsch, eine eigene Selbsthilfegruppe zu gründen. Ich habe Leute getroffen, die sind in ihre ehemaligen Stammkneipen gegangen und haben unaufgefordert Vorträge über den „Teufel" Alkohol gehalten. Es gibt sehr viele Spielarten dieser Suchtverlagerung. Es ist nichts anderes, wie bei der körperlichen Verlagerung, nämlich von einem Extrem in das nächste zu verfallen.

Ich bin der Meinung, dass dieser Prozess sehr wohl sein darf, denn jeder Alkoholiker hat seinen ganz eigenen Weg, mit dem Problem fertig zu werden. Ich bin fest davon überzeugt, dass alles, wirklich alles besser ist, als sich Alkohol oder andere stoffgebundene, abhängig machende Mittel einzuverleiben.

Wenn sich jemand in die Arbeit schmeißt, wenn jemand anfängt sich mit Computer und diverser Software zu beschäftigen, wenn jemand anfängt, den halben Buchladen auszulesen, okay! Alles besser als weiter zu trinken. Wir brauchen auch auf der geistigen Ebene unseren Gegenpol. Wichtig ist dabei, dass wir uns neben der ganzen Ablenkung – weg vom Gedanken Alkohol – noch wohl fühlen. Dass wir uns immer wieder fragen, ob uns das Ganze stresst. Denn Stress löst unweigerlich das Verlangen nach Alkohol aus. Wenn wir uns nur wie „verrückt" ablenken, uns dabei aber wohlfühlen, dann ist das absolut in Ordnung. Dass unsere Mitmenschen dieses Verhalten eventuell merkwürdig finden, zumal sie auch noch ungefragt Ratschläge von uns bekommen, alles kein Problem.

Nerven Sie ruhig, dann bekommen sie wenigstens Rückmeldung. Und Rückmeldungen, egal welcher Art zeigen uns nur auf, das wir noch trocken sind. Denn im Suff haben wir vielleicht auch Rückmeldung in Form von Maßregelungen oder gutgemeinten Ratschlägen bekommen, aber gehört haben wir diese nicht mehr. Und wenn wir sie noch gehört haben, dann konnten wir sie in unserem alkoholgeschwängerten Gehirn nicht mehr verarbeiten.

Diese geistigen Suchtverlagerungen vergehen in der Regel wieder mit der Zeit. Aber, und da wiederhole ich mich wirklich gerne, dieses Verhalten gehört bei manchen von uns einfach zum Prozess der Gesundung dazu.

Wie es im Leben so ist. Manche sind laut, manche leise. Mancher von uns ist introvertiert, der andere extrovertiert. Wir sind eben einzigartig.

7. Die dritte Gesundung –
auf der seelischen Ebene

7.1 Ursachen der seelischen Erkrankung

Wir Menschen, unterscheiden uns im Schnitt nur um 0,1 Prozent im Erbgut, das heißt wir sind zu 99,9 Prozent identisch (unser Erbgut ist mit dem Schimpansen im Schnitt zu 98,77 Prozent gemein). Ende 2012 waren wir sieben Milliarden Menschen auf diesem Planeten und dennoch ist kein Mensch im Aussehen dem anderen gleich.

Wir sind uns ähnlich, aber nicht gleich; sogar eineiige Zwillinge unterscheiden sich. Wie kann es sein, dass Kinder, obwohl sie in die gleiche Schule gehen, die gleichen Lehrer haben, sogar ihre freie Zeit miteinander verbringen, die Eltern miteinander befreundet sind und viele Freizeitaktivitäten gemeinsam gestalten, so dass man davon ausgehen kann, dass diese Kinder nicht nur den gleichen Wissensstand haben sollten und eine ähnliche Erziehung genießen; wie kann es also sein, dass diese Kinder doch so unterschiedlich im Charakter sind?

Viele Sozialwissenschaftler bringen hierzu die Vererbungslehre ins Spiel. Meine Frau und ich haben gemeinsam drei Kinder. Wenn man uns fragen würde, ob wir eines unserer Kinder anders erzogen oder ernährt haben als die anderen beiden, könnten wir das mit besten Gewissen verneinen. Unsere Kinder sind in ihrem Aussehen ähnlich, ein Fremder würde sie unschwer als Geschwister identifizieren. Trotz des gleichen Umfeldes, der gleichen Erziehung der gleichen Sozialisation (gleiche Kinderkrippe, gleicher Kindergarten, gleiche Grundschule) sind meine Kinder völlig unterschiedlich in ihren Charakteren.

Diese Unterscheidung im Aussehen, im Handeln, im Denken, in der Art der Interaktion zu anderen Menschen, beruht meines Erachtens auf unserer Seele. Mit der Seele werden wir zu Individuen. Mit der Seele heben wir uns von allen anderen ab. Mit der Seele werden wir einzigartig. Was ist also die Seele? Die Seele ist der körperlose, einzigartige Teil unseres Selbst, den man auch als „Psyche" bezeichnen kann und der für unser Denken, unser Fühlen und unser Handeln verantwortlich ist.

Die Seele, unsere Psyche, ist der emotionale Anteil unseres Selbst. Religiöse Menschen nennen es auch die Gottesbeigabe zu unserem körperlichen Leben. Unser Körper ist materiell und für alle sichtbar. Unsere Gedanken spielen sich im Kopf, also in unserem Gehirn ab. Heutzutage können wir sogar feststellen, in welcher Hirnregion sich welcher Gedanke verankert, wie die Synapsen miteinander verbunden sind, welche Hirnregion für die Emotionen zuständig und welche Hirnregion für Entscheidungen verantwortlich ist. Das große Ganze bleibt aber ein Geheimnis.

Die Seele ist und bleibt unsichtbar. Die Vorstellung, dass sich die Seele in unserem Kopf verbirgt, also ein Teil unseres Gehirns ist, erweist sich bis dato als nicht bewiesen. Auch die Hirnforschung hat bisher hierzu keine Erkenntnis gewonnen. Die Seele ist nicht organgebunden, das heißt, es gibt kein Seelenorgan in uns. Und trotzdem ist die Psyche der Anteil in uns, der uns bestimmt, der uns so einzigartig und so unverkennbar macht.

Es gibt viele Ursachen, die unsere Seele erkranken lassen. Ich habe festgestellt, um dies vorweg zu nehmen, dass es meist um die Verletzung unseres Selbstwertgefühles geht. Was bin ich mir selbst wert? Wer beeinflusst meinen Selbstwert? Bin ich mir überhaupt meiner Selbst, meines Selbstwertes bewusst? Um diese Fragen zu beantworten, möchte ich die Lebensgeschichte eines Bekannten erzählen. Dieses Bekenntnis kann uns exemplarisch helfen, an den Kern vieler Ursachen, mit der gleichen Auswirkung heranzukommen.

Ein Bekannter erzählte mir folgende Geschichte über seine Kindheit:

≫ Er wurde als Sohn einer Bäckerfamilie in einer kleinen Gemeinde geboren. Seine Eltern, welche die Bäckerei alleine stemmten, hatten nicht viel Zeit für ihn. Er wurde bald abgestillt, denn das Stillen nahm zu viel Zeit in Anspruch und so gewöhnte man ihn schnell an die Flasche. Da die Flaschennahrung oftmals nicht für einen längeren Zeitraum ausreichte, wurde früh mit dem „Zufüttern" von Babybrei begonnen. Diese Nahrung wurde ihm so eingetrichtert, dass er nur noch alle sechs Stunden gefüttert werden musste. Um zu verhindern, dass er aus meinem Bettchen fiel, wurde er so fixiert, dass seine Bewegungsfreiheit sich auf das Gitterbett beschränkte. Mit der zuvor beschriebenen Ernährungsmethode und der Beschränkung auf das Kinderbett, konnten seine Eltern ihrer Arbeit nachgehen, ohne sich Sorgen um ihn machen zu müssen.

Als Kleinkind reichte ihm dieser extrem eingeschränkte Bewegungsradius nicht mehr aus und so kümmerte sich ein kinderloses Ehepaar, das im Haus wohnte, um ihn, während seine Eltern in der Bäckerei ihrer Arbeit nachgingen. Seit er mit „Tante" und „Onkel" den Tag verbrachte, wurde er sich seiner Selbst bewusst. Um dieses Selbstbewusstsein auszuleben, versuchte er mit Brüllen, Schimpfen, auf den Boden werfen und Strampeln, auf sich aufmerksam zu machen. Leider ging der „Schuss nach hinten los". Jede Abweichung von der Norm, egal welche, wurde mit Prügeln seitens seines Vaters quittiert. Mit sechs Jahren kam noch ein Geschwisterchen. Da seine Mutter dieses Kind aber nicht wieder an fremde Leute verlieren wollte, kümmerte sie sich, wenn es die Arbeit zuließ, nur noch um seine Schwester.

Da er zu dieser Zeit schon schulpflichtig war, zog es ihn immer mehr vom Elternhaus weg. Er verbrachte die meiste Zeit nach der Schule mit Freunden, kam nur zum Essen und Schlafen nach Hause und wurde dann oft verprügelt, weil zum Beispiel der Teller nicht leer gegessen war oder die Hausaufgaben mit der linken Hand geschrieben wurden (zur damaligen Zeit war es verboten, mit der linken Hand zu schreiben, man wurde sogar vom Lehrer dafür geschlagen).

Da seine Mutter mit der Arbeit und seiner Schwester genügend zu tun hatte, verbrachte mein Bekannter den Sonntag meistens mit seinen Vater alleine irgendwo auf einem „Hochleistungstrip" (Sonntag war Spielverbot). Im Frühjahr und Herbst waren stundenlanges Wandern angesagt, im Sommer schwimmen oder Turmspringen, im Winter natürlich Skifahren. Immer wieder – und dabei war es egal was wir machten – fiel er abends todmüde und völlig erschöpft mit dem Gefühl ins Bett, die vom Vater geforderten Leistungen nicht zufriedenstellend erbracht zu haben. Zu Hause gab es regelmäßig – wie sollte es auch anders sein – noch ein paar Ohrfeigen, wegen der ungenügenden „Tagesleistung".

Als er dreizehn Jahre alt war, ließen sich seine Eltern scheiden, sein Vater bekam das Sorgerecht für die Kinder. Seine Mutter zog mit ihrem Freund in eine andere Stadt. Die Kinder besuchten sie alle zwei Wochen übers Wochenende, was für ihn die reinste Hölle war. Keine Freunde weit und breit! Der Frust, den seine Mutter auf seinen Vater schob, wurde auf ihn übertragen: „Du bist wie Dein Vater, dieses miese Schwein." „Du schaust aus wie Dein Vater und wenn Du später verheiratet bist, wirst auch Du

Deine Frau schlagen." „Deine Dummheit, die hast Du von Deinem Vater geerbt."

Sein Vater legte sich bald darauf auch eine neue Frau zu, was bedeutete, dass die beiden Kinder, nachdem „Tante" und „Onkel" inzwischen ausgezogen waren, einen Stock höher in deren Wohnung leben mussten und nur zum Mittag- und Abendessen nach unten, in die Wohnung des Vaters, kommen durften. Das Frühstück machte mein Bekannter alleine für sich und seine Schwester. Er kümmerte sich um ihre Hausaufgaben und brachte sie abends ins Bett.

Nach Abschluss der Mittleren Reife suchte er sich einen Ausbildungsplatz weit weg von seinen Eltern und deren Partnern. Zum ersten Mal fühlte er sich frei, eigenverantwortlich und selbstbestimmt. Ab dieser Zeit vermied er es, so gut es ging, seine Eltern zu sehen. Natürlich hatte er mit dem Auszug seine sechs Jahre jüngere Schwester im Stich gelassen, die daraufhin sehr bald zur Mutter zog und Schutz, Aufmerksamkeit, Zuneigung und Fürsorge von ihr erhielt.

Trotz der Entfernung zu seinen Eltern hatte sich in seiner Psyche folgende Information eingebrannt: „Du bist nichts wert, da Du nichts kannst und Du bist es nicht würdig, eine Frau zu bekommen, da Du mit ihr sowieso nicht umgehen kannst." Dieses negative Mantra konnte er zu dieser Zeit nur unterbinden, wenn er bekifft war. Alles Negative fiel dann von ihm ab und er konnte sich in seiner Haut wohl fühlen. Da es für ihn schwer war, an Marihuana ran zu kommen, entdeckte er bald die leicht zugängliche Droge Alkohol. Dabei beschränkte sich der Konsum von Alkohol anfangs auf das Wochenende. Ihm ging es nicht darum, sich ins Koma zu saufen, sondern nur so viel Bier oder Wein zu trinken, dass er sich mit sich wohl fühlte. Doch im Laufe der Jahre wurde auch nach Feierabend getrunken, und die Menge steigerte sich, bis er am Ende alkoholabhängig wurde und es keinen Tag gab, an dem er nicht mindestens eine Flasche Wein oder ein Sixpack Bier trank.«

Dies ist eine von vielen Geschichten, wie es zur Alkoholabhängigkeit kommen kann. Wenn wir als Kinder keine oder wenig körperliche Sicherheit und Fürsorge bekommen, dann kann unser Selbstwertgefühl darunter enorm leiden. Es gibt natürlich Ausnahmen, wie zum Beispiel Menschen mit einer sehr hohen inneren Selbstheilungskraft (Kohärenz) und nicht jeder, der eine schwere Kindheit hatte, wird abhängig. Es spielt keine Rolle, ob wir nun körperlich missbraucht, gedemütigt, nicht ernst oder nicht wahrgenommen wurden. Wir bekamen das Gefühl vermittelt, nichts wert zu sein. Mit einem geringen Selbstwertgefühl haben wir immer das dringende Bedürfnis, uns entweder etwas zu beweisen oder uns zu vergessen. In beiden Fällen „hilft" die Droge Alkohol.

Mit einem geringen Selbstwertgefühl neigen wir dazu, mit uns selbst, ohne Respekt, ohne Wohlwollen, ohne guten Willen und ohne Fairness umzugehen. Es gibt Mitmenschen, die erreichen beruflich und gesellschaftlich enorm viel und sind beispielsweise hervorragende Entwickler, Verkäufer, Berater oder Therapeuten, aber innerlich bleiben sie unglücklich, sind mit sich und ihren Leistungen nie wirklich zufrieden, sehen mehr auf das Negative als auf das Positive und sind dann, wenn es um sie herum ruhig wird (Feierabend, Urlaub oder Krankheit), erfüllt von einer großen Leere.

Diese Leere wird in unserer Gesellschaft oft mit Alkohol gefüllt. Den Leistungsdruck, den wir uns selbst aufbauen, um anderen zu gefallen, um von anderen wahrgenommen zu werden, schaffen wir in der Regel nur mit Alkohol. Das Vergessen, das Auflösen, das Nicht-Existent-Sein, verwirklichen wir mit Alkohol. Alkohol puscht uns auf und holt uns runter. Alkohol ist das Hilfsmittel für den langsamen und schleichenden Selbstmord.

Die Frage die sich dabei stellt ist: Müssen wir das so hinnehmen oder gibt es Möglichkeiten, dagegen anzugehen? Gibt es Techniken, Tricks, zu lüftende Geheimnisse und andere Gedankengänge, um sich als vollwertig, als Eins mit sich selbst, als einzigartig und liebenswert zu fühlen? Ist ein Selbst nicht dazu da, um verwirklicht, bejubelt, gepriesen und gefeiert anstatt vertrieben, abgetrieben, versteckt und verleugnet zu werden?

Bevor ich auf diese Fragen eingehe, möchte ich im Vorfeld auf die Dynamik des nicht gelebten Selbstwertes eingehen. Gerade wir Suchtkranke haben eine Wut in uns, die augenscheinlich sich auf das Objekt (andere Menschen, Ansichten, Verhaltensweisen, politische Einstellungen usw.) richtig, aber bei genauerer Betrachtung eine Wut ist, die sich auf uns selbst (Subjekt) bezieht. Diese Wut, die mit einer inneren Versöhnung ausgeglichen werden kann, hilft uns, uns so anzunehmen, wie wir sind.

7.2 Wut und Versöhnung

Ich bin immer wieder Menschen begegnet, die mir erzählten, dass sie eine ungeheure Wut in sich verspüren. Wut auf ihren Chef, ihre Arbeit, ihre Arbeitskollegen, ihren Wohnort, manchmal auch auf ihre Freunde, auf Ausländer, auf den Staat und vor allem auf sich selbst.

Woher kommt diese Wut? Wie bereits im vorigen Kapitel erwähnt, leiden Menschen, die in ihrer Kindheit missbraucht oder vernachlässigt worden sind, unter einer enormen Wut.

Die Wut entsteht dabei aus der kindlichen Verzweiflung, als Individuum nichts wert zu sein. Und diese Wut hat somit nichts mit den Chefs, Arbeitskollegen usw. zu tun, sondern findet ihren Ursprung in der Herkunftsfamilie. Die Wut gehört somit zu den Eltern.

Wir haben Wut auf den Vater und/oder die Mutter. Und da wir diese Wut nicht an unseren Eltern „ausgelassen" haben, verlagern wir sie. Es wäre für uns enorm wichtig, unseren Eltern zu sagen, welche Wut wir auf sie haben, da sie uns dies oder jenes in unserer Kindheit angetan haben.

Doch dazu fehlt uns der Mut, bzw. wir haben zu viel Respekt vor unseren „elterlichen Monstern" (übrigens: nur Kinder glauben an Monster, das heißt unsere Wut ist ein kindliches Verhalten, es entspricht einem kindlichen Muster). Doch diese Wut müssen wir loswerden, sonst frisst sie uns auf. Wut stelle ich mir wie ein Krebsgeschwür vor: Wenn wir nichts dagegen unternehmen, wird sie/es immer größer und wir gehen daran zugrunde.

Es gibt unter uns diejenigen, die versuchen, diese Wut mit der Droge *Alkohol* klein zu halten, nach dem Motto: „Diesen Ärger spüle ich mit ein paar Bieren einfach runter."

Bei anderen passiert genau das Gegenteil: Im nüchternen Zustand finden sie so viel Kraft, dass sie die Wut in Zaun halten können. Doch kaum haben sie zu viel getrunken, werden sie hochgradig aggressiv und die Wut kann ungehemmt entweichen. Beleidigungen des Gegenübers, Tobsuchtsanfälle, die in lautem Gebrüll oder unzusammenhängendem Geschimpfe enden, sind die harmlosesten Arten, angestaute Wut loszuwerden. Nicht selten kommt es zur Raserei, die in einer Schlägerei ihren Höhepunkt findet. Diese Raserei kennt keine Rücksicht: So werden die eigenen Kinder, die eigene Frau bzw. der eigene Mann, die schwächeren Geschwister genauso verprügelt, wie schwächere Freunde oder fremde Menschen.

Trotz dieses menschlichen Fehlverhaltens, müssen wir unsere Wut annehmen, sie akzeptieren und als ein Teil von uns an zu erkennen. Wir müssen versuchen, sie auszuleben ohne uns oder andere dabei zu verletzen.

Die Wut ist ein Indikator, der uns darauf aufmerksam macht, dass eine Situation, ein Verhalten oder eine Aussage uns zu tiefst verletzt hat. Diese Verletzung erinnert uns selten bewusst, sondern meist unbewusst, an ein Geschehen, das wir in der Kindheit erfahren haben. Daher ist es wichtig, dass wir die Wut nicht auf unser Gegenüber, sondern auf die tatsächliche Ursache, nämlich auf die Verletzung unseres verletzten Kind-ICHs zu richten. Natürlich ist es schwierig, unsere Eltern bzw. Erziehungsberechtigten mit unserer Wut zu konfrontieren, da sie entweder nicht mehr leben, zu weit weg wohnen oder wir eventuell auch seit Jahren keinen Kontakt mehr zu ihnen gepflegt haben. Auch kann es auf uns wie eine sinnlose Aktion wirken, da diese uns ja sicher auch nicht verstehen würden.

Sie würden uns nicht verstehen, da sie ja, in ihren Augen, nur das „Beste" für uns wollten. Mit unserer Wut eine Veränderung zu erreichen wäre daher sinnlos. Überhaupt: Was nützt uns die Einsicht der Eltern? Wir brauchen keine Einsicht, keine Entschuldigung, oder verzweifelte Aktion unserer Eltern. Wir benötigen eine heilsame Versöhnung mit uns selbst!

Bevor wir uns mit der Versöhnung beschäftigen, müssen wir der Wut die Möglichkeit geben, sich zu entfesseln. Dies können wir bewerkstelligen, indem wir zum Beispiel einen Sandsack aufhängen und darauf einklopfen. Im Gegensatz zum klassischen Boxen geht es nicht darum, Schlagtechniken einzuüben oder unsere Muskulatur eventuell vorher aufzuwärmen. Nein, – hier geht es darum, sich ein Gegenüber vorzustellen und die Wut auf diese Person oder Situation loszuwerden. Ähnlich verhält es sich übrigens auch mit dem Holzhacken. Es geht in diesem Moment nicht darum, das Holz in eine perfekte Ofengröße zu hacken, sondern die Wut zu entfesseln, indem wir mit voller Wucht drauf losschlagen. Übrigens, es spielt keine Rolle, ob wir mit einer Axt Holz bearbeiten, mit der losen Hand in einen Sandsack schlagen oder Ziegelsteine zertrümmern, mit einem Hammer eine Wand einreißen oder oder oder

Wichtig ist, dass wir ein Ventil finden, um die Wut auf körperlichem Wege effektiv und oftmals wohltuend loszuwerden, auch wenn wir uns dabei eventuell verletzen.

Eine andere Möglichkeit ist das Brüllen, durch das wir die Wut in uns herausschreien. Ein Freund erzählte mir, dass er einmal wutentbrannt und „wie von der Tarantel gebissen" an ein Bahngleis gefahren sei, und die vorbeifahrenden Züge angebrüllt habe. Das habe ihm gutgetan und dem Zug war es egal. Ein anderer Freund erzählte mir, dass er seine Wut entlädt, indem er auf einsamen Wegen wandert und wie von Sinnen, laut vor sich hin schimpft. Wir können auch ein Bild der Person aufstellen, auf die wir gerade wütend sind, und es anschreien und/oder beschimpfen.

Erst wenn unsere Wut „verraucht" ist, egal, mit welchen Techniken auch immer, wenn wir uns innerlich beruhigt haben, sind wir wirklich in der Lage, uns mit der innerlichen Versöhnung zu beschäftigen.

Dabei ist es wichtig, dass wir uns mit uns selbst versöhnen, mit unseren inneren Bildern, die wir von unserem Vater, Mutter, Geschwistern oder Erziehungsberechtigten gemacht haben.

Ich vergleiche diese Versöhnungsarbeit gerne mit einer Wunde, die sich hartnäckig wehrt, zu gesunden, bzw. zu heilen und oftmals betreiben wir einen erheblichen und schmerzhaften Aufwand, damit dies auch nicht geschieht.

Wenn wir uns eine seelische Wunde in unserer Kindheit zugezogen haben, kann es sein, dass diese Wunde immer wieder aufbricht, sich entzündet, eitert und uns große Qualen bereitet. Dies kann sich über Jahrzehnte hinziehen und irgendwann wissen wir nicht mehr, woher wir eigentlich diese Wunde haben, bzw. wie wir uns diese zugezogen haben.

Sollte sich die Wunde schließen und sich ein allmählicher Heilungserfolg einstellen, können und wollen wir dies oftmals nicht wahr haben und fangen an, an der Narbe solange „herumzustochern" bis sie wieder anfängt zu bluten. Diese negative Wundpflege kann ein Leben lang dauern. Wäre es nicht viel vernünftiger, wenn wir unsere alte Wunde professionell versorgen lassen, damit sich eine positive und nachhaltige Wundheilung einstellen kann? Es kann uns passieren, dass wir uns die Wunde komplett aufschneiden lassen, den Eiterherd entfernen und die Wunde vernähen lassen müssen. Das Ganze kann sehr schmerzhaft sein und in uns das Gefühl hervorrufen, dies nicht zu überleben. Aber es ist sicher viel gesünder für uns, uns dem zu stellen, als mit einer jahrzehntelangen, immer wieder aufbrechenden und schmerzhaften Wunde herumzulaufen.

Natürlich kann solch ein massiver Eingriff eine sichtbare Narbe hinterlassen; doch mit entsprechenden Salben, die uns den Juckreiz nehmen und die Heilung beschleunigen, können wir sicherlich besser leben.

Marius Müller-Westernhagen singt hierzu passend: *„Ich hab ein Narbenherz, ich habe keine Angst vorm Leben. Ich hab ein Narbenherz, ich habe keine Angst vorm Tod. Ich hab ein Narbenherz, ich keine Angst vor Liebe. Ich hab ein Narbenherz, ich habe keine Angst vor Dir."*

Mir ist es noch wichtig zu erwähnen, dass es unsere Wunden sind, – nicht die Wunden eines Anderen. Bei der Heilung bzw. Versöhnung ist es unwichtig, wer uns diese Wunden zugefügt hat.

Derjenige, der uns diese Wunden zugefügt hat, ist oftmals nicht in der Lage, auch die richtige Heilmethode anzuwenden, damit wir wieder gesund werden. Wir müssen uns selbst darum kümmern, dass die Schmerzen aufhören, und eine dauerhafte Heilung und Gesundung eintritt.

Also, lassen Sie uns gemeinsam auf den Weg machen, um auch auf der seelischen Ebene gesund zu werden.

7.3 Stabilisierung unseres ICHs

7.3.1 Akzeptanz, dass die Seele eine andere Sprache spricht

Im Laufe der Jahre, habe ich immer sehr neidisch auf trinkende Mitmenschen geschaut, denen folgende erfolgreiche Gesundung zuteilwurde:
Sie gingen wegen einer Vorsorgeuntersuchung oder eines körperlichen Leidens zum Arzt und dieser stellte fest, dass beispielsweise deren Leber hochgradig erkrankt ist oder, dass sie unter einer chronischen Polyneuropathie leiden (Erkrankung des Nervensystems, meist an Füssen und Händen, was entweder zu Juckreiz, stechendem Brennen oder später sogar zur Taubheit führen kann). Oder der Zahnarzt stellte fest, dass er bei einer langwierigen Wurzelbehandlung ständig Betäubungsmittel nachspritzen musste. Die ärztliche Diagnose lautete meistens: „Sie trinken eindeutig zu viel. Ich, als Ihr Arzt, würde Ihnen empfehlen, das Trinken einzustellen."

Mit Alkoholerkrankung erfahrene Ärzte stehen dann den Patienten mit Rat und Tat zur Seite. Je nach Grad der Alkoholerkrankung wird eventuell eine Überweisung in eine stationäre Einrichtung ausgestellt, um den Körper zu entgiften.

Wurde das ärztliche Angebot wahrgenommen, so ereignete sich eine unglaubliche Wandlung. Der süchtige Mensch ging zur Entgiftung und verließ als „Geheilter" die Suchtstation, um anschließend nie wieder Alkohol zu sich zu nehmen. Wie durch ein Wunder hatte dieser Mensch keinen „Saufdruck", kein bewusstes oder unbewusstes Verlangen nach Alkohol mehr und fragte sich, wie er überhaupt in der Vergangenheit so dumm sein konnte, sein Leben mit Alkohol zu verbauen.

Leider ist diese geheimnisvolle, an göttlicher Gnade grenzende Heilung nur wenigen Menschen vergönnt. Warum das so ist, warum es diese „Blitzheilung" gibt, weiß ich bis heute nicht. Ich vermute, dass die Seele dieser Menschen einen so hohen Selbstheilungsgrad erreicht hat, dass nur noch eine körperliche Nachjustierung durch einen Entzug nötig war, um die Heilung zu vollenden. Die meisten von uns müssen aber den langen und harten Weg der Genesung und Gesundung gehen.

Hart und langwierig kann sich der seelische Weg durch die Krankheit und hinein in die Gesundung ziehen, da wir unsere seelischen Bedürfnisse oftmals nicht verstehen und da unsere Seele – im Gegensatz zu unserem Körper und unserem Verstand – eine völlig andere Sprache spricht.

Wenn wir vom Fahrrad oder bei Inlineskaten fallen und uns Schürfwunden zuziehen, können wir mit Desinfektionsspray, Salbe und einem Verband, eine schnelle Heilung der Wunden vorantreiben. Wir können uns, bevor wir das Fahrrad das nächste Mal besteigen oder die Inlineskates benutzen, einen Sturzhelm und Ellenbogen- und Knieschoner anziehen. Der Körper hat durch den Schmerz seine Erfahrung gemacht und unser Verstand kann bei der nächsten Gelegenheit entsprechend darauf reagieren.

Manchmal müssen wir sogar körperliche Schmerzen erfahren, um in Zukunft gegen Gefahren gewappnet zu sein. Dabei fällt mir diese uralte Geschichte mit der heißen Kochplatte ein. Wir alle mussten diese Erfahrung selbst machen, obwohl man es uns viele Male gesagt hat, dass die Kochplatte heiß ist und dass wir uns an ihr verbrennen, wenn wir darauf fassen, um über den körperlichen Schmerz zu verstehen, was die Erwachsenen uns damit sagen wollten.

Aber warum lernen wir manche simple Dinge so schnell und manche nie oder nur sehr schwer? Jeder weiß doch, was Alkohol in uns bewirkt? Da steckt doch keine Komplexität dahinter? Jeder Profitrinker braucht nur in den Spiegel zu schauen und schon hat er das Ergebnis seines jahrelangen Alkoholmissbrauchs vor Augen. Er betrachtet sich, wendet sich mit Ekel ab und säuft weiter. Der Verstand hat das Bild verstanden und kann es auch interpretieren, die Seele aber nicht – oder noch nicht, wenn wir Glück haben (diejenigen, denen dieses Glück nicht zuteilwird, werden es seelisch nicht erfassen und sich irgendwann zu Tode saufen).

Um diesen Aspekt zu verdeutlichen, möchte ich auch hier eine weitere Geschichte erzählen:

Eines Tages kam ein Interessent in unsere Selbsthilfegruppe und wollte „mal so hören, was wir da so machen", wie wir miteinander reden, ob es sich bei uns um eine „echte" Selbsthilfegruppe handelt oder ob wir uns nur treffen, um Kochrezepte und Reisetipps für den nächsten Urlaub auszutauschen (diese sogenannten Selbsthilfegruppen soll es nach seiner Aussage geben und solch einer Gruppe würde er keinesfalls beitreten).

Also ließen wir ihn an unseren Gesprächen als Beobachter teilhaben. Der Besagte wollte zu keinem Zeitpunkt Aussagen zu seiner Person machen und sich auch nicht in die Gruppe einbringen. Am Ende des Treffens bedankte er sich bei uns und verließ die Gruppe, ohne sich zu äußern, ob er wieder kommen würde.

Die Woche darauf tauchte er dann wieder in unserer Gruppe auf, seine Frau im Schlepptau. Vor uns erzählte er seiner Frau, was für eine tolle Selbsthilfegruppe wir seien, wie wir uns unterstützten und wie offen und ehrlich es bei uns doch zuginge. Wir alle dachten, der spinnt. Was redet er denn da? Er war doch nur einmal bei uns gewesen und jetzt tat er so, als wäre er schon seit Ewigkeiten bei uns.

Wir schoben seinem Redefluss einen Riegel vor, indem wir ihn baten, sich und seine Frau doch vorzustellen und wer von beiden denn nun unsere Hilfe in Anspruch nehmen wolle, obwohl das offensichtlich war. Für einen Voyeur war dieser Abend eine einzige Glückseligkeit, denn nun legte der „Neue" so richtig los. Nach eineinhalbstündiger Selbstdarstellung fragten wir seine Frau, was sie von dem Gesagten so halte. Sie fing nun an, die Dinge aus ihrer Perspektive zu erzählen.

Dies sind meiner Meinung nach Momente der tiefsten Einsichten und fast ein heiliges Geschenk. Als Außenstehender bekommt man „life" mit, was die konstruktivistische Philosophie meint, wenn sie davon ausgeht, dass es keine objektive Wahrheit gibt. Die Wahrheit ist immer subjektiv. Jeder Mensch sieht die Dinge anders. Und so war es auch in diesem Fall.

Wir hatten den Eindruck, hier werden uns zwei völlig andere Geschichten erzählt. Personen, Orte und familiäre Zusammenhänge sind gleich, der Rest ist aber völlig anders. Da aber der Mann uns um Hilfe gebeten hatte, war es für uns wichtig, uns erst einmal auf den Mann zu konzentrieren. Dennoch waren wir uns alle einig, bei Unklarheiten oder in unseren Augen offensichtlichen Unwahrheiten, das Gesagte der Frau heranzuziehen.

Ab diesem Zeitpunkt tauchte das Ehepaar zwar immer gemeinsam bei uns auf, doch die Fokussierung war klar auf den Mann gerichtet (Therapeuten werden das eventuell anderes sehen, doch wir sind keine professionell ausgebildeten Therapeuten und haben auch nicht den Anspruch, therapeutisch zu arbeiten).

Der *Mann* – der uns nie seinen Vornamen genannt hat und auf die Anrede „Sie" Wert legte – war als Sohn eines erfolgreichen Unternehmerehepaares Mitte 1950 zur Welt gekommen. Da seine Eltern nebenbei auch noch einen sehr hohen gesellschaftlichen Status genossen und diesen auch pflegten, wurden ihrem Sohn die damals grundlegenden Tugenden wie Fleiß, Ehrlichkeit, Höflichkeit, Respekt vor älteren Menschen und Frauen, wie auch die bedingungslose Liebe und Hingabe zu den Eltern und der große Zusammenhalt der Familie in guten wie in schlechten Zeiten beigebracht. Der Sohn hatte die Aufgabe, genauso erfolgreich zu werden wie sein Vater, eine gehorsame Frau zu finden, ein Haus zu bauen, Kinder in die Welt setzen und ein Vorbild für die zukünftige Gesellschaft zu sein. All dies erfüllte der Mann, war erfolgreich im Beruf, hatte überall einflussreiche Freunde, verliebte sich und heiratete diese Frau, baute ihr ein Haus und sie schenkte ihm dafür zwei Töchter.

Als sein Vater verstarb, bekam er die volle Aufmerksamkeit seiner Mutter zu spüren. Er wurde permanent von ihr an den Vater erinnert, der es sicherlich – Gott hab ihn selig – gerne gesehen hätte, wenn er noch erfolgreicher wäre. Der Vater hätte es auch gerne gesehen, wenn der Garten noch gepflegter wäre, man hat ja schließlich Nachbarn. Neben den hehren Forderungen der Mutter, unterstützte sie ihren Sohn aber gleichzeitig tatkräftig. Um die hohen Erwartungen der Mutter auszuhalten, um endlich auch einmal abschalten zu können, suchte er immer öfter seine einflussreichen Freunde im Gasthaus auf, um bei ein paar Feierabendbierchen die Freundschaften zu pflegen. – „Das machst Du genau richtig", meinte die Mutter dazu. Er tat es aber auch um den Druck, der auf ihm lastete, abzubauen.

Zu dieser Zeit war er nicht nur beruflich, sondern auch gesellschaftlich viel unterwegs und die Mutter unterstützte in dieser Zeit maßgeblich die Schwiegertochter. Der Alkohol, meist Bier und Wein, wurden immer mehr zu seinem Begleiter. Zwei Ereignisse, die ihn dann unwiderruflich in die Sucht trieben, waren der unerwartete Tod seiner Mutter und das – in seinen Augen – Scheitern im Beruf: Die Firma wurde umstrukturiert, die älteren und langjährigen – und damit teuren – Mitarbeiter wurden mit einer Abfindung entlassen und durch „frische", junge, dynamischen und kostengünstigere Arbeitskräfte ersetzt.

Ab diesem Zeitpunkt ersetzte er Bier und Wein durch Whiskey und Wodka.

Die Abwärtsspirale konnte aufgehalten werden, da ein befreundeter Arzt ihn zu einer Entgiftung mit anschließender Langzeittherapie überreden konnte. Nach der Therapie konnte der Mann die Trockenheit sechs Wochen aufrechterhalten, doch dann war wieder Wodka angesagt.

Nachdem er in seinem Rausch die halbe Wohnung demoliert hatte, seine Frau weder ein noch aus wusste, kein Zureden ihrerseits mehr half, brachten herbeigerufene Freunde ihn zur Ausnüchterung ins Krankenhaus.

Dieser Zustand – Saufen, Randalieren, Ausnüchtern – wurde für lange Zeit sein Alltag. Durch ein Eingeständnis, dass das doch kein Leben sei, ließ sich der Mann dann doch wieder stationär einweisen und machte noch einmal eine sechswöchige Kurzzeittherapie mit und suchte nach dieser zum ersten Mal unsere Selbsthilfegruppe auf.

In unserer Gruppe musste er bei jeder sich ihm bietenden Gelegenheit klar stellen, wie klug er doch sei. Immerhin habe er studiert, er sei beruflich einer der Erfolgreichsten hier in unserer Gegend gewesen, sein Intellekt reiche für zwei von uns (was ihm nicht gerade Sympathien einbrachte) und wenn er zehn Jahre jünger wäre, würde er es beruflich noch einmal genauso machen, nur ein bisschen geschickter. Zudem sei er doch der fürsorglichste und liebenswerteste Ehemann und Vater. Auch wenn er arbeitslos sei, unterstütze er seine mittlerweile berufstätige Frau im Haus, koche für die Familie, mache die Wäsche, putze das Haus und kümmere sich um den Garten, damit die Frau ihre Freude daran habe und die Nachbarn nichts Nachteiliges über ihn sagen könnten.

Nur der Alkohol, den müsse er noch loswerden. Der bremse ihn und mache so viel kaputt. Und nun legte er erst richtig los. Denn unser Mann hatte Biochemie studiert und konnte uns alles, aber auch wirklich alles, über die Wirkung von Alkohol erzählen.

Intellektuell, hatte der Mann die Problematik komplett erfasst. Es war zum Teil unglaublich, mit welch einem Wissen dieser Mensch ausgestattet war. Er kannte sowohl sämtliche Heilmethoden, alle Wechselwirkungen mit Medikamenten, Ersatzstoffe als auch zahlreiche Einrichtungen, die sich auf Kurz- und Langzeittherapie bei Alkoholerkrankung spezialisiert haben.

Aber weder sein umfangreiches Wissen noch wir als Gruppe, konnten seine Saufsucht bremsen. Immer wieder tauchte er betrunken bei uns auf und immer wieder wurde er mit unserer Unterstützung zur stationären Entgiftung gebracht (was nicht immer leicht war, da wir ja keine Ärzte waren, die Überweisungen ausstellen konnten).

Diese Hilflosigkeit, sowohl bei dem Mann selbst, der um Hilfe schrie, die Hilflosigkeit unserer Gruppe, die Hilflosigkeit der Frau und seiner erwachsenen Töchter, als auch die Hilflosigkeit der Ärzte und Therapeuten in den Therapieeinrichtungen war sicherlich einer der entscheidenden Auslöser für mich, mich intensiver mit der Erkrankung und Gesundung der Seele zu beschäftigen.

Denn ich habe bei diesem Mann und seiner Geschichte erkannt, dass all unser Verstand, also das intellektuelle Durchdringen des Problems, uns nicht wirklich weiterhelfen kann, wenn wir die seelischen Ursachen unserer Saufsucht nicht kennen und nicht die Sprache der Seele und damit ihre Hilferufe verstehen.

Die Seelensprache können möglicherweise gut ausgebildete Therapeuten für uns übersetzen, doch welcher Therapeut und welche Therapie an sich können uns helfen? Jede Seele spricht eine andere Sprache. Die Seelensprache ist absolut individuell.

Gibt es nicht eine Art „Ursprache", auf der alle anderen Sprachen aufbauen? Ich bin davon überzeugt, dass es diese „Ursprache" gibt; wir müssen sie nur in uns finden und uns dann langsam vortasten, bis wir uns dann selbst endgültig verstehen.

Dieses Suchen und Finden beruht auf den gleichen Prinzipien, wie das Suchen nach einem verborgenen Schatz oder einer verschütteten Kultstädte durch Archäologen. Es braucht Zeit, Geduld, Vorbereitung, aber auch den Mut, sich aufzumachen, sich aus dem sicheren Ort einer Bibliothek, eines Studierzimmers, eines Schreibtisches mit hochmoderner Computertechnologie loszureißen und sich auf die Reise ins Unbekannte zu machen.

Wir können viel über die Bodenbeschaffenheit in Kambodscha lesen und viel über die dort vorkommende Fauna und die dort lebenden Tiere recherchieren. Aber um wirklich etwas über die steinernen Vermächtnisse der Khmer-Kultur zu finden, müssen wir auch dort hin.

Natürlich – und das wäre höchst blauäugig, wenn wir das unterlassen würden – brauchen wir Hintergrundinformationen und das richtige Equipment für diese Expedition: Die richtige Kleidung, genügend Schutz gegen giftige und angriffslustige Tiere, ausreichend Getränke und Nahrung, bzw. entsprechende Hilfsmittel, um sich in der Wildnis zu ernähren, Medikamente, eine Behausung, die richtigen Such- und Schürfmittel, usw. usf. ...

Wie die Archäologen oder Entdecker können auch wir uns vorbereiten, um die „Ursprache" der Seele zu finden. Wir können zu Psychotherapeuten gehen, wir können Bücher lesen, wir können Mitglied einer Selbsthilfegruppe werden. Aber gehen, das müssen wir schon selbst. Das kann uns keiner abnehmen. Dieses Gehen passiert aber in ganz kleinen Schritten. Viele esoterische und psychologische Bücher und Ratgeber, viele Prediger und Heiler schreiben und sprechen von einer schnellen Gesundung. Die Natur schreibt es aber anders. Denken wir an die Metamorphose eines Schmetterlings oder Falters.

Wie lange dauert es, bis aus einem Ei ein Schmetterling wird? Eine Raupe braucht im Schnitt eine Woche um aus dem Ei zu schlüpfen. Um die optimale Größe zu erreichen, muss sich eine Raupe bis zu viermal häuten und das dauert noch einmal vier Wochen. Ist die Raupe erwachsen, beginnt sie mit der Verpuppung, indem sie sich zum letzten Mal häutet und einspinnt. Danach findet die Metamorphose zum Schmetterling statt. Dabei werden die Raupenorgane abgebaut oder umgeformt und zu Schmetterlingsorganen umgebildet. Auch die gesamte äußere Gestalt der Tiere ändert sich. Diese

Umwandlung dauert in der Regel zwei Wochen, kann je nach Jahreszeit auch Monate dauern, erst dann schlüpft der Schmetterling. Die Lebensspanne eines Schmetterlings hängt von seiner Art ab. Es gibt Arten die leben nur einen Tag, andere einige Monate.

Aus diesem Grunde halte ich mich an die Natur, denn ich glaube, wir Alkoholkranke brauchen unsere Zeit zur Heilung und Gesundung. Die Seele hat es verdient, dass wir uns Zeit für sie nehmen. Sie will entdeckt werden. Dieses Entdecken verlangt von uns kein Wissen, es verlangt von uns nur Langsamkeit und ein tiefe und ehrliche Entspannung. Denn entspannt sein bedingt, dass wir uns nicht vor uns selbst verstecken. Verspannung bedeutet im Umkehrschluss, dass wir etwas verbergen, dass wir innerlich gespalten sind und somit Teile unserer Seele, ablehnen oder ausschließen. Wenn wir also entspannt sind und damit eins mit uns sind, unsere Seele annehmen, dann können wir anfangen, ihr zuzuhören. Diese Entspannung nenne ich im Fluss mit sich selbst bzw. mit sich im Reinen sein. Das ist nicht die Entspannung nach dem Motto: „Setz Dich gefälligst hin, sei still, höre auf zu denken und sei nur noch selbst."

Wenn wir im Fluss mit uns sind, wenn wir offen sind, können wir sehr viel über unsere Seele erfahren. Wir merken, wir fühlen, wir verstehen, was unserer Psyche gut tut, was sie schmerzt, was sie verletzt, wann sie sich wohl fühlt, wann sie sich geborgen fühlt oder wann sie Reißaus nehmen möchte.

Um dies zu erfahren, muss mein Blick nach innen gehen. Die Frage, die ich mir stelle lautet dann: „Fühle ich mich wohl?" „Kann ich zu dem stehen, was ich gerade sage, tue oder denke?" „Tun mir die Menschen um mich herum gut oder würde ich lieber davonlaufen?"

Eine weitere und entscheidende Frage ist auch: „Wie geht es meinem Selbstwertgefühl?" „Befinde ich mich in einer Situation, in der mein Selbstwert erhöht oder erniedrigt wird?" „Schöpfe ich Kraft daraus oder kostet es mich Kraft?"

Um dies zu fühlen und um meine Gefühle für mich richtig einordnen zu können, muss ich erst einmal wissen, was das Selbstwertgefühl ist, und durch welche Faktoren es beeinflusst wird.

7.3.2 Das Selbstwertgefühl

Das Selbstwertgefühl ist nichts anderes, als das ganz und gar höchstpersönliche Gefühl, was ich mir selbst wert bin. Es gibt keine allgemeingültige Aussage und kein allgemeingültiges Rezept, um den Selbstwert von außen zu beeinflussen.

Manche Menschen brauchen sehr viel Lob für getane und erfolgreiche Leistung von außen (durch den Chef, Arbeitskollegen, Eltern usw.), während andere Leute in der gleichen Situation dieses Lob eher als unangemessen und störend empfinden. Es gibt Menschen, die ausschließlich abhängig sind von äußeren Wertschätzungen, während andere sehr gut einschätzen können, wann eine Wertschätzung von anderen Personen kommen soll und wann sie davon unabhängig sind.

Ich stecke mir zum Beispiel das Ziel, heute einmal fünf Kilometer zu laufen. Dabei spielt es überhaupt keine Rolle, wie lange ich dafür brauche. Auch die Strecke (Waldweg, Straße, Gelände, mit oder ohne Steigung und Gefälle) ist nebensächlich. Die einzigen Regeln sind die Streckenlänge und das Gebot, keine Pause einzulegen. Schaffe ich mein selbst gestecktes Ziel, werde ich automatisch belohnt. Zwar werden vielleicht meine Muskeln schmerzen und ich schwitze wie beim Entzug, aber ich habe es geschafft. Unser Gehirn wird dafür mit Glückhormonen belohnt. Hier haben wir ein typisches Beispiel für eine Selbstwertschätzung ohne äußeren Einfluss. Wir brauchen keinen Menschen der uns „von außen her" unsere erbrachte Leistung bestätigt. Unsere Botenstoffe Dopamin und Serotonin übernehmen dieses Gefühl der Wertigkeit, indem sie uns mit Glückshormonen belohnen.

Nun passiert auch auf der seelischen Ebene etwas sehr erstaunliches. Ich fühle mich wohl und ich fühle mich bestätigt. Ich komme in Kontakt mit meiner Psyche und bin mir selbst etwas wert. Das habe ich ohne Therapeuten, ohne das Lob meiner Eltern oder ohne die Anerkennung durch meine Partnerin oder Partner oder von wem auch immer erreicht.

Natürlich ist das nur eine kleine, zarte Blüte, aber wie heißt es so schön: „Lieber einen Spatz in der Hand, als eine Taube auf dem Dach." Auch hier wiederhole ich mich gerne: Die Heilung der Seele ist langwierig, aber äußerst energetisierend und wohltuend, wenn uns dieser besonderen Momente bewusst werden und wir diese Momente dann auch in vollen Zügen genießen.

Wenn wir anerkennen was ist, wenn wir nichts wegnehmen, durch relativierende Aussagen wie: „Das war ja nichts Besonderes, das war ja kinderleicht", wenn wir einfach diesen Moment genießen und ihn würdigen, entsteht dieses flüchtige aber wohltuende Gefühl. Manche Leute sprechen vom *flow* (im Fluss mit sich selbst sein), wie ihn Mihaly Csikszentmihalyi benannt hat.

Am oben genannten Beispiel wird auch deutlich, weshalb manche Menschen regelrecht sportsüchtig werden. Durch ihr körperliches Tun fühlen sie sich bestätigt und erhöhen – ohne jemandes Dazutun – ihren Selbstwert.

Um unseren Selbstwert zu stabilisieren und positiv zu beeinflussen, müssen wir uns aber auch erst einmal selbst annehmen. Selbstannahme sagt nichts anderes aus, als dass ich zu mir stehe, nach dem Motto: „Ja, so bin ich!" (Selbstbejahung). Dabei spielt es zunächst keine Rolle, ob ich das, was ich bin, mag oder ablehne. Es ist die Bereitschaft, die eigenen Emotionen und Verhaltensweisen zu akzeptieren.

Wie viele von uns trinken, weil sie das, was sie im nüchternen Zustand „darstellen" nicht bejahen? Sind wir im nüchternen Zustand eher aufbrausend, aggressiv oder zurückhaltend, verschlossen, so sind wir im angetrunkenen Zustand eher gesellschaftskonform. Aus dem aufbrausenden Mitmenschen wird ein angenehm ruhiger Geselle und der Introvertierte geht plötzlich aus sich heraus, erzählt Witze und entwickelt sich zum Star jeder Party.

Aber dieses Betrinken besagt nur, dass wir nicht zu uns selbst stehen, was einer Selbstverneinung gleichkommt.

Selbstbejahung heißt, ich stehe zu mir und bin mein eigener Freund. Erwarten wir denn nicht von einem echten Freund, dass er zu uns steht, in guten wie in schlechten Zeiten? Er muss nicht immer mit uns einer Meinung sein, im Gegenteil. Vielleicht gefällt uns nicht immer, was wir so von uns geben, wie wir uns benehmen oder was wir so in der Öffentlichkeit von uns geben. Aber das sind wir!

Selbstannahme heißt nicht, egoistisch durch das Leben zu wandern, uns und andere Menschen zu verletzten, nach dem Motto: „Na und, so bin ich eben!" Selbstbejahung heißt: „Anerkennen was ich bin." Und wenn ich das anerkenne, es nicht beschönige, vertusche, verleugne oder beschwichtige, kann ich es auch verändern. Verändern heißt nicht, sich für meine Mitmenschen zu verbiegen. Das ist keine Veränderung für mich. Ich bin eher dazu aufgefordert, meine Emotionen und Verhaltensweisen zu überprüfen und wenn ich merke, dass sie mir nicht gut tun, kann ich diese ja zunächst experimentell verändern, das heißt, ich probiere etwas anderes aus.

Wenn ich zum Beispiel von „Haus aus" eher aufbrausend bin, so wäre es eine Verleugnung meiner Selbst, wenn ich „auf ruhig und ausgeglichen mache". Aber was mache ich nun mit meiner aufbrausenden Art, mit der ich oftmals andere Menschen verletze? Erst einmal werde ich anerkennen müssen, dass ich – oftmals mir vertraute nahestehende – Menschen, mit dieser Art immer wieder wehtue. Ich bin nun aufgefordert herauszufinden, ob es meine aufbrausende Art ist, die verletzt oder es die im Weiteren damit zusammenhängenden verbalen und nonverbalen Äußerungen sind, mit denen ich andere Menschen vor den Kopf stoße. Wenn es eher an meinen Äußerungen in solchen Momenten liegt, so kann ich dies damit transformieren, indem ich mein Aufbrausen durch eine andere Wortwahl ersetze.

Aggressivität kann sowohl als destruktiv als auch als belebend und verändernd empfunden werden. Oftmals hängt es von der Situation, der Wortwahl und unseren Gesten ab. Aber um dies herauszufinden, müssen wir den Mut haben, etwas in uns zu verändern und bereit sein, mit uns selbst zu experimentieren. Beides setzt voraus, dass wir uns nicht nur bejahen, sondern unserer Selbst bewusst sind.

Selbstbewusstsein ist der höchste Ausdruck des menschlichen Lebens. Sich selbst und seiner Umwelt bewusst zu sein heißt nichts anderes, als die Option zu haben, Entscheidungen zu treffen. „Lasse ich es so oder verändere ich es?" – „Helfe ich oder lasse ich es bleiben?"

Seines Selbst bewusst zu sein heißt nicht nur, sich selbst anzunehmen, sondern auch aus dem, was wir sehen und wissen, eine Handlung abzuleiten, zu *reagieren*.

Bewusst leben heißt, der Realität ins Auge zu schauen, auch wenn sie uns nicht gefällt. Wenn wir uns betrinken, verändern wir unser Bewusstsein und damit haben wir die Realität nicht mehr im Auge. Jeder von uns kennt das. Wir haben beispielsweise Probleme mit Arbeitskollegen, durch Alkohol können wir den Ärger über sie runterspülen. Die Probleme sind dadurch aber nicht gelöst. Die Realität lässt sich nicht wegtrinken! Wenn wir uns aber das eigentliche Problem bewusst machen, wenn wir in uns gehen und „nachspüren", was das Problem ist und was den Ärger konkret in uns auslöst, können wir auch nach Lösungen suchen.

Bei der Alkoholabhängigkeit wird unser Bewusstsein eingenebelt. Unter dieser Abhängigkeit versteckt sich die Absicht unserer Angst, unseren Traumata, unserem Schmerz, unserer Machtlosigkeit, unserer Verzweiflung oder unserer Gefühle nicht gewahr zu werden. Dabei verschwinden die Ursachen nicht, sondern werden in unserem Bewusstsein nur gedämpft. Und da diese immer wieder und zunehmend intensiver auftauchen, muss unweigerlich mehr getrunken werden, um unser Bewusstsein zu dämpfen.

Hierzu eine weitere Geschichte eines Betroffenen:

>> Durch das Trinken hat sich mein familiäres und berufliches Leben total verändert. Es gab für mich keine Probleme mehr. Jedes alte und jedes sich neu ergebende Problem wurde von mir einfach mit Alkohol runtergespült. Ich merkte in der Arbeit nicht, dass Projekte gegen die Wand liefen, da vereinbarte Termine von mir nicht eingehalten wurden. Ich merkte nicht, dass meine Tochter schlechte Schulnoten nach Hause brachte und ihr Vorrücken gefährdet war. Und ich merkte nicht, dass ich mein Äußeres vernachlässigte. All diese Dinge waren für mich nicht mehr wahrnehmbar. In meiner Realität gab es einfach keine Probleme mehr. Das einzige Problem, das ich zu dieser Zeit kannte war, dass kein Alkohol in meiner Nähe sein könnte.

Als mein Hausarzt mir klar und deutlich sagte, dass ich extrem schlechte Blutwerte habe und meine Leber durch meine jahrelange Trinkerei erheblich geschwächt sei, entschied ich mich nach langem Hin und Her, einen stationären Entzug zu machen, um meine Leber wieder in „Schwung" zu bringen. Meine Motivation war am Anfang dieses Entzuges nur, meinen Körper wieder so fit zu machen, dass der Arzt mir eine fortschreitende Genesung ausstellt, so dass ich wieder munter weitertrinken könne. Während des stationären Aufenthaltes ist mir aber bewusst geworden, dass es eine Alternative gibt. Ich musste ja nicht gleich nach meiner Klinikentlassung weiter trinken, ich könnte ja mal versuchen, eine längere Trinkpause einzulegen. Allein die Möglichkeit, eine Entscheidung zu treffen, fand ich hoch attraktiv. Während meiner Trinkerphase kam so etwas gar nicht in Frage. Damit legte ich bewusst diese Entscheidung in meine Hand. Nicht der Alkohol, nicht der Arzt, nicht mein noch süchtiger Körper bestimmten, wann und wie viel ich trinke, sondern ich. Das war ein sehr bewegender Moment für mich.

Auch das Gefühl, durch diese Entscheidungsfreiheit etwas wert zu sein, nämlich dass ich es wert bin, über mich selbst, meine Gesundheit, meine Gefühle, meine Ängste meine Sorgen nachzudenken, beglückte mich dermaßen, dass ich mir vornahm, mindestens drei Monate nichts mehr zu trinken und diese Zeit zu nutzen, um mir über mich klar zu werden. Aus diesen drei Monaten sind nun mittlerweile zwölf Jahre geworden. «

Dieser Bericht war noch umfangreicher und enthielt drei aus meiner Sicht wichtige Grundlagen zur Überwindung der Alkoholkrankheit: die Eigenverantwortlichkeit, die Selbstsicherheit und die persönliche Integrität. Diese grundlegenden Faktoren möchte ich im Folgenden eingehender betrachten.

Bei der Eigenverantwortung geht es aus meiner Sicht darum, dass wir für alles, was wir beeinflussen können, selbst verantwortlich sind. So sind wir für unser eigenes Glück verantwortlich, aber nicht für das Glück unserer Partner. Wir sind für unser Leben verantwortlich, aber nicht für das Leben unserer Eltern. Wir sind für unseren Job verantwortlich, nicht unser Chef. Wir sind dafür verantwortlich, was wir essen und nicht der Kellner. Wir sind verantwortlich, ob wir uns besaufen oder ob wir es lassen!

Das klingt echt hart, denn wir haben uns daran gewöhnt, die Verantwortung von uns wegzuschieben und das Entscheiden anderen zu überlassen. So lange alles so läuft, dass wir uns wohl fühlen, ist alles bestens. Läuft es aber mal nicht so, ist das Geschrei groß und die anderen sind daran schuld (natürlich, die haben ja die Entscheidung getroffen, nicht wir). Wir Alkoholkranke sind ja die armen Schweine, denn wir haben ja den genetischen Defekt von unseren Eltern geerbt. Alle können saufen bis zum Umfallen, aber wir, wir sind abhängig geworden.

Wir sind Alkoholiker geworden, weil unsere Leistung dem Vater nie genügt hat und die Mutter uns abgelehnt hat. Wir sind Alkoholiker geworden, weil wir nie unsere leiblichen Eltern kennengelernt haben und im Heim aufgewachsen sind.

Ja, so ist es. Aber trotz all dieser oder anderer Traumata sind wir auch etwas wert. Trotz dieser Umstände können wir unseres Selbst gewahr werden. Trotzdem können wir einen Stopp-Punkt setzen und damit einen Neuanfang einleiten! Dafür müssen wir uns selbst annehmen, uns unserer Situation bewusst werden und eine Entscheidung treffen: Will ich weiterhin saufen oder will ich - mir zu ehren – doch noch etwas aus meinem Leben machen?

Selbst zu entscheiden ist nicht einfach, denn wir müssen damit auch die daraus entstehenden Auswirkungen selbst tragen und selbst verantworten. Aber können sie sich vorstellen, was das für ein erhebendes Gefühl ist, aus sich selbst heraus aus der Alkoholsucht zu finden?

Selbst zu entscheiden, welche körperliche Entgiftung ich anstreben werde: Stationär oder ambulant, Kurzzeit- oder Langzeittherapie oder überhaupt keine.

Entscheiden, wen ich um Hilfe bitten werde und kann.

Entscheiden, ob ich in eine Selbsthilfegruppe gehe oder nicht, oder einfach selbst eine gründe. Keiner schreibt uns vor, wann, wie, warum, wieso und womit wir unseren Entzug und unsere Gesundung beginnen sollen. Wir entscheiden selbst!

Und dann funktioniert das Ganze auch noch, trotz Umwegen durch Fehlentscheidungen, Selbstzweifeln oder Rückfällen. Wie wird sich dadurch unser Selbstwertgefühl steigern?

Bei mir war es eine enorme Stabilisierung meines Selbstwertes: „Wenn ich das durch meine eigene Entscheidung und durch meine Willenskraft geschafft habe, was kann ich dann noch alles schaffen?" fragte ich mich immer wieder.

Durch Selbstentscheidung entsteht Selbstsicherheit und hierdurch ein stabiles Selbstwertgefühl. Selbstsicherheit hat etwas mit Selbstbehauptung zu tun. Sich selbst zu behaupten heißt nicht egoistisch, rücksichtslos, arrogant, aggressiv, trotzig oder rebellisch durch das Leben zu gehen. Selbstbehauptung sagt aus, dass ich zu meinen Bedürfnissen stehe und versuche, diese auch zu verwirklichen.

Die Selbstbehauptung kommt aus dem Selbstbewusstsein. Ich bin mir meines Selbst bewusst, ich bin mir meiner Bedürfnisse, Sehnsüchte, Wünsche und Träume bewusst, stehe zu diesen und werde selbstverantwortlich die Rechnung dafür tragen. Ohne Selbstbehauptung werden wir zu „Jasagern", „Duckmäusern" bzw. „Zustimmern".

Es gibt hierzu den passenden therapeutischen Satz: „Ein Nein ist oftmals ein Ja zu sich selbst."

Das hat nichts mit Egoismus zu tun, sondern mit der eigenen Selbstwahrnehmung und dem gesunden Selbstschutz. Wenn wir wissen, dass uns belastende Situationen (Treffen mit den Eltern, Konflikte mit Vorgesetzten oder Kunden, Besuche in Gaststätten usw. usf.) nicht gut tun, und dass wir in unserer nassen Zeit diese Situationen nur mit Alkohol ertragen bzw. bekämpft haben, dann haben wir eine Verpflichtung uns selbst gegenüber jetzt, in unserer trockenen Phase, solche Situationen zu vermeiden und zwar nicht mit Ausreden, sondern mit einem klaren Nein. „Nein, das mache ich nicht." „Nein, ich werde nicht mit meinem Vorgesetzten oder Kunden streiten, das sollen andere machen". „Nein, ich werde meine Eltern nicht besuchen, ich bin es leid, dass ich mich von ihnen runterputzen lasse". „Nein, ich gehe nicht in die Gaststätte, da wird mein Wunsch Alkohol zu trinken nur verstärkt".

Ein klar ausgesprochenes Nein wird – und das haben mir sehr viele Menschen bestätigt – immer akzeptiert. Es kann Erstaunen, Verwunderung oder sogar Verwirrung beim Gegenüber hervorrufen, aber es wird akzeptiert und wird nicht als egoistisches Machtspiel ausgelegt.

Mit Hilfe der Selbstbehauptung kommen wir unserer persönlichen Integrität (meine persönlichen Wertvorstellungen stimmen mit meinem Handeln überein) sehr nahe.

Der Weg weg von der Alkoholerkrankung hinein in die Gesundung, ist kein einfacher Weg und jeder, der diesen Weg erfolgreich beschritten hat, sollte darüber reden: Im kleinen Kreis (Familie und Freunde), im größeren Kreis (Arbeitsplatz, entfernte Bekannte) oder in der Öffentlichkeit (Öffentlichkeitsarbeit, Gründung einer Selbsthilfegruppe).

Unser Weg – meiner Meinung nach eine Heldentat – ist es wert, dass wir darüber sprechen. Zum einen weil wir darauf wirklich stolz sein können und zum anderen – und das ist sehr entscheidend – weil wir im Gegensatz zu Therapeuten, die nur in der Theorie die Grundsätze dieser Krankheit erfasst haben, diesen authentischen Weg selbst gegangen sind.

Verstehen Sie mich nicht falsch: Ich bin nicht der Meinung, dass ein guter Neurologe selbst an Spannungskopfschmerzen oder einem Hirnabszess leiden muss, um seine Arbeit erfolgreich ausführen zu können. Ich bin auch nicht der Meinung, dass ein guter Psychotherapeut selbst Alkoholiker gewesen sein muss. Doch wenn ein Neurologe selbst einmal Schmerzen empfunden hat, wenn ein Psychotherapeut unmittelbar (z.B. durch den eigenen trunksüchtigen Vater oder eine alkoholabhängige Schwester) mit der Alkoholsucht in Verbindung gestanden ist, kann er die Patienten oder Klienten besser verstehen.

Uns Alkoholiker macht aus, dass wir wissen wovon geredet wird. Wir brauchen keinen Alkotest, um zu erkennen, wer einen Rückfall hatte. Wir sehen und wir spüren es. Und weil wir selbst Betroffene sind oder waren, können wir an Alkohol Erkrankte besser verstehen. Umgekehrt verhält es sich übrigens meist genauso. Unser Rat wird eher angenommen, unsere Aussagen werden nicht in Zweifel gezogen, da wir durch unsere persönlichen Erfahrungen einfach integer sind.

Die Voraussetzung dafür ist natürlich, dass wir auch das leben, was wir sagen. Wer anderen einen Ratschlag gibt, wie er aus der Sucht rauskommt, aber selbst vorher im stillen Kämmerchen ein oder zwei Bierchen getrunken hat, gibt sich einer Illusion hin, wenn er glaubt, dass er eine integre Person ist. Dieses Verhalten wird auch schnell durchschaut. Wenn das, was wir sagen und das, was wir tun deckungsgleich sind, dann bekommen wir auch Anerkennung und Achtung zugesprochen. Und diese Achtung anderer erhöht ungemein unser Selbstwertgefühl. Denn wer möchte nicht Lob von anderen bekommen und in gewissem Maße bewundert werden? Wer möchte für seine Taten nicht gelobt und belohnt werden? Wir sind soziale Lebewesen. Und jede positive Rückmeldung von außen erhöht unseren Selbstwert (negative Rückmeldungen senken dagegen in der Regel unser Selbst).

Persönliche Integrität heißt für mich auch, alle Aspekte meines Selbst zu beachten, ihnen den gebührenden Raum in mir zu geben und allen meinen individuellen Anteilen die Möglichkeit zu geben, auch ausgelebt zu werden.

Ein wesentlicher Aspekt ist zum Beispiel das Kind in uns, das oftmals verbannt, verdrängt und weggesperrt wird, da es aufgrund unserer Sozialisation, im

Erwachsenenleben keinen Platz mehr dafür geben darf. Doch wer sagt und behauptet so was?

7.3.3 Das Kind in uns

Wenn ich Bekannte frage, welche Eigenschaften sie Kindern zuschreiben würden, erhalte ich oftmals folgende Antwort: „Kinder sind neugierig, angstfrei, verspielt, glücklich, unbekümmert, interessiert, experimentierfreudig; sie haben den Drang sich zu bewegen, sind vorurteilsfrei, vertrauensselig, begeisterungsfähig, mitteilsam, frech, empathisch usw., aber auch: Kinder sind abhängig, schutzbedürftig, unselbstständig, unwissend, naiv usw.

Bei einer weitgehend urteilsfreien Betrachtung finden wir sicherlich Eigenschaften, die wir sehr gut kennen, da sie uns eigen sind oder Eigenschaften, die wir gerne hätten, obwohl wir doch Erwachsene sind.

Wenn wir mögen, könnten wir einmal auf einen Kinderspielplatz gehen und dort die spielenden Kleinkinder beobachten. Einige Kinder toben, brüllen, laufen herum, „arbeiten" im Sandkasten, andere sitzen ruhig da, vielleicht ganz in der Nähe ihrer erwachsenen Aufsichtsperson und beobachten die anderen Kinder. Manche spielen zusammen, andere sind in sich und ihrem Spiel versunken. Wenn wir uns die Gesichter der Kinder ansehen, so sehen wir auch ihre Seele. Da ist Offenheit, Neugierde, Staunen, Unbekümmertheit zu sehen.

Und nun gehen wir an einen öffentlichen Platz, an dem sich viele Erwachsene tummeln, wie an einen Bahnhof. Sehen wir da noch die Unbekümmertheit und Neugierde, die Offenheit und Vorurteilsfreiheit?

Wohl kaum! Haben wir uns schon einmal im Spiegel betrachtet, nach einer durchzechten Nacht oder nach einem Vollrausch und haben dort etwas Vergleichbares gefunden, was die Kinder auf dem Spielplatz ausgestrahlt haben?

Zur Gesundung unserer Krankheit sollten wir das Kind in uns heraus lassen und dessen Eigenschaften pflegen. Wir müssen wieder neugierig werden, nach dem Motto: „Was passiert nach dem körperlichen Entzug?" Wir müssen kreativ werden, wenn es darum geht, den Alkohol zu „umschiffen". Wir brauchen das Urvertrauen in uns, dass wir es auch schaffen und dem Alkohol für immer *Adieu* sagen. Und wir brauchen keine Angst davor zu haben, was unsere Saufkumpanen über uns denken. Wir brauchen auch keine Angst zu haben, was sein wird, wenn wir keinen Alkohol mehr trinken. Wir können und dürfen unbekümmert, angstfrei, frech, lebensbejahend, ungezwungen, ungekünstelt und mit erhobenem Haupt, durch unser trockenes Leben wandern.

Dazu fällt mir eine Geschichte ein, von einem Menschen, der mir sein *inneres Kind* zeigte.

Als ich zum ersten Mal in die von mir gewählte Selbsthilfegruppe kam, saß bereits ein kleiner, mit freundlichen und neugierig schauenden Augen, älterer Herr da und begrüßte mich mit den Worten: „Auch ein Biker! Übrigens, ich bin der Joe". Woher wusste der, dass ich ein Motorrad fahre, ich bin doch mit dem Fahrrad gekommen? Ich schaute mir den *kleinen* Joe im Laufe des Abends immer wieder an. Dabei fiel mir auf, dass er wie ein Pubertierender angezogen war. An jedem Finger ein Totenkopfring, ein *Ed Hardy* T-Shirt, eine dicke Totenkopfkette um den Hals und eine Totenkopfschnalle am Hosengürtel. Wenn er erzählte, war seine Stimme total ruhig und in seinen Worten lag ein unglaublicher Witz, wobei seine Augen bübisch strahlten. Im Laufe der nächsten Wochen und Monate habe ich Joe näher kennengelernt; wir haben uns außerhalb der Gruppe über Motorräder und das „Aufmotzen" dieser Zweiräder unterhalten. Joes Motorrad war über und über mit Totenköpfen verziert. Scheinwerfer, Blinker, Rücklichter, Vergaserabdeckung, Schrauben usw. - überall Totenköpfe. Als Joe uns dann mitteilte, dass er in seine wohlverdiente Rente abgleiten wird, war natürlich der erste Frage: „Und was machst Du dann den ganzen Tag?" „Moped fahren, ist doch klar. Meine Rente fließt in den Tank." Und dann erzählte er uns, welche Touren er noch fahren will, wie schnell er welchen Pass noch bezwingen will und welche Vorfreude er empfindet, wenn er die Schickimicki-Fahrer durch die Kurven hetzen wird. Darauf sagte einer: „Joe, Du bist und bleibst ein Kindskopf." Und Joe antwortete: „Hoffentlich!"

Ich habe noch nie einen erwachsenen Menschen getroffen, der so viel Kind ausstrahlt. Und das hat nichts mit kindisch zu tun, sondern mit ungetrübter kindlicher Freude und Lebensmut. Wenn ich heute in die Selbsthilfegruppe komme und eine stressige und nervige Woche hinter mir habe, bitte ich immer den Joe, mir eine Geschichte aus seinem Leben zu erzählen. Dabei hörte ich nie ein Klagen oder Jammern, ein Bedauern oder „Hätte ich es bloß anders gemacht". Seine Erzählungen waren und sind immer erfrischend, authentisch, voll Selbstironie, immer ohne Selbstzweifel und ohne Selbstanklage. Wenn ich Joe sehe, weiß ich, was Jesus damit meinte, als er sagte: „Wir müssen werden wie die Kinder."

Es gibt natürlich das andere Kind in uns. Das Traumatisierte, das keinen Schutz und keine Fürsorge erhalten hat. Aber auch dieses Kind müssen wir anerkennen und in uns akzeptieren. Wenn es keinen Schutz von den Eltern bekommen hat, wenn man seine Naivität, Schwäche und sein Vertrauen ausgenutzt hat. Wenn man es – anstatt zu beschützen – missbraucht, vergewaltigt oder weggegeben hat, dann müssen wir es eben, nachdem wir erwachsen sind, selbst annehmen, es beschützen und dem Kind in uns die Welt zeigen, wie sie ist, ohne Angst davor zu haben.

Wenn wir trinken, sind wir nicht zurechnungsfähig und können unser inneres Kind nicht beschützen, wenn wir aber nüchtern und bei Sinnen sind, können wir uns dieser Aufgabe stellen. Dabei geht es darum, dem Kind in uns zu zeigen, wie ein behütetes, vertrauensvolles, gerechtes und sicheres Leben aussehen kann. Das Kind in uns muss nicht mehr gegen Vorgesetzte rebellieren, muss keine Angst vor Bindung und Nähe haben, muss nicht weinen und toben, wenn es einmal nicht so läuft, wie es sich das wünscht.

Wenn wir das traumatisierte Kind in uns erkennen, dann muss unser erwachsener Verstand ihm beibringen, dass beispielsweise der Vorgesetzte es nicht böse mit ihm meint, wenn er uns mit einer unliebsamen, aber notwendigen Aufgabe in die Pflicht nimmt. Das Kind sieht in diesem Fall die Aufgabe als Strafe. Der Erwachsene erkennt sie als eine „unschöne" Aufgabe, die er trotzdem zu erfüllen hat.

Der Erwachsene in uns muss unserem inneren Kind immer wieder Schutz bieten. Wenn man zum Beispiel eine Reise in ein fremdes Land unternimmt, nach dem Motto: „Da kann uns nichts passieren, ich habe für uns All-Inklusive gebucht". Dann bedeutet diese Buchungsart, dass ich die Angst meines inneren Kindes ernst nehme und ihm den Schutz biete, den es im Moment braucht. Natürlich könnten wir auch eine Reise antreten ohne Hotel, ohne den Vorzug einer Vollpension und ohne Shuttle-Service vom Flughafen zur Unterkunft. Doch ein traumatisiertes Kind wäre dadurch möglicherweise überfordert.

Solch eine Reise würde es mit seinen Urängsten belasten: die Angst davor mit allem zurechtkommen zu müssen, die Angst, dieser Aufgabe nicht gewachsen zu sein.

Um diese Angst zu unterdrücken, würden wir unweigerlich trinken. Wir würden auch während des Urlaubes trinken, um ja nicht darüber nachdenken zu müssen, welche Angst uns so eine „unsichere" Reise beschert.

Viele Menschen, die in ihrer Kindheit traumatisiert wurden, ziehen sich eher gesellschaftlich zurück und wirken auf andere introvertiert (natürlich gibt es hier Ausnahmen). Diese Menschen brauchen sehr viel Zeit, um sich anderen Menschen zu nähern, ihnen Vertrauen zu schenken und sich auf eine dauerhafte Beziehung einzulassen. Durch den Alkohol werden die traumatisierten Erinnerungen verdrängt und wir wirken lockerer, witziger und „gesellschaftsfähiger".

Lässt die Wirkung des Alkohols aber nach, verfallen wir wieder unseren introvertierten Gewohnheiten, die uns Schutz und Sicherheit gegenüber anderen Menschen bieten. Auch hier müssen wir unsere innere, kindliche Angst anerkennen und lernen, mit dieser umzugehen. Wir brauchen eben mehr Zeit, um auf andere Menschen zuzugehen; wir brauchen mehr Vertrauensbeweise, um uns anderen zu öffnen. Ich frage mich: „Ist das schlimm?" Wir müssen doch nicht alle wie kleine Casanovas durch das Leben laufen und jede Frau umgarnen. Wir müssen doch nicht wie kleine Münchhausens mit wahren und geschwindelten Geschichten eine ganze Gesellschaft unterhalten oder ein loses Mundwerk haben wie Till Eulenspiegel. Auch die ruhigen, introvertierten, in der Kindheit verletzten Menschen haben ihren Platz in unserer Gesellschaft.

Ein altes deutsches Sprichwort besagt: „Jeder Topf findet seinen Deckel!" Das hört sich ein bisschen altbacken und einfach an. Es gibt aber genügend Mitmenschen, die sich eher an die „Stillen" halten, als an die „Lauten".

All dies kann ich nur erfassen und bewerkstelligen, wenn ich nüchtern und selbstbedacht durch mein Leben gehe. Wenn ich anerkenne, dass ich nicht nur ein erwachsenes Ich, sondern auch ein verletztes, kindliches Ich in mir habe. Durch die Trunksucht verdränge ich dieses zerbrechliche Kind in mir, sperre es weg. Dessen Wünsche werden nicht gehört und dessen Ängste und Befürchtungen klein gesoffen. Und wenn wir es in unserer Trunkenheit nicht wahr haben wollen, so ist es dennoch so, dass dieses Kind in uns wohnt, das angenommen und gehört werden will.

Aber auch der Erwachsene in uns wird oft nicht gehört. Der Erwachsene, der Entscheidungen trifft, der beschützt, unterstützt, Geborgenheit gibt, der fordert – ohne zu überfordern, auf den man sich verlässt und verlassen kann, der Versprechen hält, der ein Fels in der Brandung und das Dach auf dem Haus ist. Wir leben in unserer Trunkenheit in einem Scheinzustand, der weder dem Kind noch dem Erwachsenen in uns gerecht wird.

Namua Rahesha schreibt:
„Ein vollständiger Erwachsener erwächst aus einem vollständigen Kind. Es ist nicht erforderlich das Kind zu zerstören, damit der Erwachsene hervortreten kann. Wir alle müssen unser inneres Kind finden und heilen, damit wir vollständig werden."
Diesen Anspruch können wir nur erfüllen, wenn wir nüchtern werden und es auch bleiben.

Vielleicht hilft uns dabei auch eine alte und in allen Ländern praktizierte Lebens- bzw. Überlebenstechnik. Die Hinwendung zur Religion. In der Religion findet auch der Erwachsene einen Schutz, den er braucht, um sein Leben zu meistern, denn viele

Religionen bieten in ihren Schriften Schutz, Verständnis, Geborgenheit und Vergebung.

Oftmals haben wir keine Gelegenheit oder nicht den Mut, diese Sehnsucht nach Schutz, Wärme und Liebe von unseren Eltern einzufordern. Vielleicht haben wir mit unseren Eltern gebrochen, vielleicht leben sie zu weit weg von uns oder sind verstorben. Vielleicht finden wir es merkwürdig, als erwachsene Person zu unseren Eltern zu gehen und ihnen zu sagen, dass wir ihre Liebe und ihren Schutz brauchen. Vielleicht würden das unsere Eltern auch gar nicht verstehen, nach dem Motto: „Du bist doch kein Kind mehr, Du bist doch selbst erwachsen!" Aus diesen oder ähnlichen Motiven heraus, wenden sich Menschen der Religion zu.

7.3.4 Religiöse und spirituelle Erkenntnisse

Die religiöse Hinwendung ist oftmals eine Hinwendung zu einem Elternteil oder eine Hinwendung zu einem Elternteil hinter dem Elternteil – sozusagen zu einem Über-Elternteil.

Viele religiöse Schriften bieten Schutz und Verständnis, aber auch die Macht zu verzeihen. Gerade dieses Verzeihen ist für viele Alkoholiker wichtig. Ich werde durch meine Trunksucht nicht verurteilt. „Meine" Religion verzeiht mir auch meine ehemalige Sauferei. „Meine" Religion macht mir keine Vorwürfe über die Geschehnisse aus der Vergangenheit – Menschen schon („Weißt Du noch, was Du vor fünf Jahren in Deinem Suff angestellt hast? – Das war und ist unverzeihlich!").

Die katholische Kirche erteilt uns nach der Beichte die Absolution, das heißt, wir werden von unseren Sünden frei gesprochen. Wenn wir die Alkoholsucht als Sünde betrachten, so finden wir in dieser Religion die Möglichkeit, uns durch Abstinenz reinzuwaschen. Da diese wie auch die evangelische Religion Gott als Übervater definiert, kann das für viele von uns ein sehr starkes Motiv sein, das Trinken aufzugeben.

Der Übervater (Gott) verzeiht mir mein „altes" Leben (die Zeit der Trunkenheit) und gibt mir die Möglichkeit eines „Neubeginns". Wie viele von uns haben sich schon einmal gewünscht, alles wieder rückgängig und ungeschehen zu machen? Fehler werden getilgt, gebrochene Freundschaften wieder gekittet, böse Worte und Gedanken erhalten die Karte der Ungültigkeit. Die christliche Religion gibt uns durch die Beichte diese Chance. Der protestantische Reformator *Martin Luther* sagte: „Die heimliche Beichte will ich mir von niemandem nehmen lassen und wollte sie nicht um der ganzen Welt Schätze geben, denn ich weiß, was Stärke und Trost sie mir gegeben hat!". Durch Luthers Aussage müssen wir nicht unbedingt in eine Kirchengemeinschaft eintreten, um eine Absolution zu erhalten, sondern alleine uns Gott zuwenden. Durch das stille Gebet, durch die stille Beichte, kommen wir Gott und seiner Gnade näher.

Wenn Gott (Allah, Jahwe, Jehova, Buddha, ...) als Synonym für den Übervater bzw. die Übermutter steht, dann könnte auch unsere Hinbewegung und Motivation heißen: „Wenn meine leiblichen Eltern mich schon nicht lieb haben und mir nicht verzeihen können, dann verzeihst Du mir. Vergib mir und nehme mich als Dein Kind auf." Eine weitere Motivation könnte auch sein: „Für Dich, mein Vater, höre ich das Trinken auf." Oder auch: „Alleine schaffe ich es nicht, aber mit Deiner göttlichen Hilfe, kann ich meiner Trunksucht trotzen." Der Glaube kann uns in schweren Zeiten den nötigen Trost und die Stärke geben, um aus der Alkoholsucht zu finden und uns die Kraft geben, in die Gesundung zu gehen.

Ein weiteres starkes Motiv, sich am göttlichen Glauben zu verankern ist auch, dass es keine Religion gibt, die den dauerhaften und exzessiven Konsum von Alkohol befürwortet. Nach Epheser 5,18 soll ein Christ die Trunkenheit vermeiden und bei Petrus 2,19 ist nachzulesen, dass ein Christ angehalten ist, seinen Leib von nichts beherrschen zu lassen. Der Islam untersagt ebenso das Trinken von Alkohol, was sich in der Sure 5,90-91 wie folgt manifestiert: „Wein, Glücksspiel, Opfersteine und Lospfeile ... ein Gräuel und des Satans Werk!" Buddha hat das Trinken von Alkohol besonders verworfen. In einer Sutra (Lehr-Rede) sagte Buddha: „Diejenigen, die mich ihren Lehrer nennen, sollten nicht einmal die geringe Menge Alkohol trinken, die dem Tautropfen auf der Spitze eines Grashalms entspricht. Wenn sie Alkohol trinken, so bin ich nicht ihr Lehrer, und sie sind nicht meine Hörer."

Alkohol wird weder im Christentum noch im Islam absolut verteufelt. So finden sich Wundergeschichten im Neuen Testament, wo Jesus Wasser in Wein verwandelt und in frühen Korantexten werden die Weinstöcke als Schöpfung Gottes bezeichnet.

Doch wir sollten uns von diesen Hinweisen nicht verwirren lassen oder sogar Heil bzw. Absolution hieraus ableiten, wenn wir uns einmal wieder betrunken haben. Denn wie bereits erwähnt, lehnt der christliche wie islamische Glaube die Trunksucht ab. Als Alkoholiker haben wir das Stadium des Genusstrinkens weit hinter uns gelassen und sind Suchttrinker geworden. Deshalb sollten wir uns nicht von solchen Zitaten verführen oder ermutigen lassen, sondern am Glauben festhalten und ein alkoholfreies Leben anstreben.

Bei vielen jüngeren Menschen ist mir aufgefallen, dass sie sich entweder von der Religion abgewendet haben oder keinen Bezug dazu haben. Trotzdem versenken sich viele in der Spiritualität. Im Gegensatz zur Religion, bei der es sich um eine Weltanschauung handelt, bei der ein gemeinsamer überlieferter Glaube im Vordergrund steht und in einer Gemeinschaft bewahrt und praktiziert wird (Kirche, Mosche, Synagoge), liegt bei der Spiritualität eine individuelle Erfahrung vor, die eventuell in einen gemeinschaftsfähigen Glauben aufgehen kann.

Im spirituellen Glauben geht es um eine immaterielle Wirklichkeit, die dennoch erfahr- oder erahnbar ist und sich im Gebet, Gottvertrauen, Geborgenheit, Erkenntnis, Weisheit, Einsicht, Ehrfurcht, Dankbarkeit, Transzendenz und der Achtsamkeit für das eigene und das fremde Leben zum Ausdruck bringt. Der spirituelle Mensch begibt sich auf die Suche nach seinem universalen bzw. göttlichen Ursprung oder seiner Verbundenheit mit Gott. Aus diesem Bewusstsein heraus bemüht er sich um die konkrete Verwirklichung der Lehren verschiedener Weisheitslehrer, eigener Erfahrungen oder Einsichten, was unmittelbare Auswirkungen auf seine Lebensführung und seine ethischen Bezüge hat.

Da Alkohol diese Suche zunichtemacht bzw. den falschen Weg aufzeigt, wird ein Sinnsuchender keinen Alkohol zu sich nehmen. Im spirituellen Glauben wird der Alkohol sogar als Werkzeug des Teufels beschrieben, da der Alkohol unsere Sinne trübt und unsere spirituelle Verletzlichkeit erhöht und damit die Suche und das Streben nach umfassender Erkenntnis, Weisheit und Vervollkommnung vereitelt.

Da die Spiritualität meiner Meinung nach das große Vertrauen in ein göttliches Getragen sein ausdrückt, können viele von uns ihre Alkoholkrankheit annehmen und Heil in der Gesundung finden. Durch das Annehmen der Krankheit kommt es zu einer Reflektion unseres bisherigen „alkoholisierten" Lebens und zum Nachdenken, was uns wirklich wichtig im Leben ist. Damit bekommen wir einen Hinweis, wie wir etwas verändern können und wie wir bewusster mit uns und unserer Umwelt umzugehen haben.

Aber nicht nur die Erkenntnis (Anerkennung der Krankheit), sondern die Hinbewegung in ein lösungsorientiertes Handeln (Gesundung), beruht auf der Erkenntnis und dem Glauben, von Gott getragen und beschützt zu sein. Diese Verbundenheit mit Gott oder dem Göttlichen in uns ermöglicht vielen von uns, sich im Leben neu auszurichten, sich selbst anzunehmen und Gott für die gewonnene Erkenntnis zu danken und ihm zu Ehren ein alkoholfreies und verantwortungsvolles Leben anzustreben. Diese Erkenntnis, die Dankbarkeit, die Ehrfurcht vor dem Leben und die Gewissheit von Gott getragen und verstanden zu werden, hilft vielen von uns, diese Krankheit zu überwinden.

Im religiösen wie im spirituellen Glauben geht es immer um eine Gottbetrachtung, das heißt, der Mensch ist verbunden mit dem Göttlichen. Die Esoterik geht noch darüber hinaus, wenn sie besagt, dass wir Menschen in etwas Größeren eingebunden sind und unmittelbar mit allem Wahrnehmbaren (über unsere fünf Sinne) und mit allem Verborgenen verbunden sind. Es gibt in der esoterischen Sichtweise kein Handeln, das sich nicht auch auf alles andere auswirkt. Damit erweitert die Esoterik den Wirkungsradius unseres Tuns. Während es in der religiösen und spirituellen Welt „nur" eine Wirkungslinie zwischen mir und Gott gibt, gibt es in der Esoterik sogenannte „Wirkungswellen" – das bedeutet, alles was wir denken, sagen und machen, wirkt sich auf unser Fassbares und Unfassbares aus.

7.3.5 Esoterische Erkenntnisse

Esoterik im ursprünglichen Sinne ist eine philosophische Grundhaltung von Menschen, die glauben, dass es neben der rein rationalen Welt noch eine weitere Welt gibt, über die es sich lohnt, Gedanken zu machen. Dabei geht es nicht darum, die beiden Welten zu trennen sondern sie zu verbinden, um zu der tieferen Erkenntnis zu gelangen, wie jedes einzelne mit allem zusammen hängt. Damit versucht die Esoterik nicht zu trennen sondern zu vereinen (der Duden umschreibt die Esoterik mit *dazu gehörend*).

In der esoterischen Denkweise bedient man sich der Annahme, dass alle Ebenen der Wirklichkeit also Planeten, Mineralien, Pflanzen, Tiere, Menschen etc. sowie die sichtbaren und unsichtbaren Teile des Universums miteinander verbunden sind. Diese Verbindung ist nicht reell sondern symbolisch zu verstehen. Zum Beispiel hat sich im christlichen Glauben ein Grundmuster der Esoterik manifestiert als Jesus sagte: „Was Du einem anderen antust, tust Du auch mir an." Damit gleicht das Universum einer Spiegelwelt, in der alles in allem enthalten ist. Veränderungen geschehen demnach parallel auf allen Ebenen der Wirklichkeit. Ein weiteres esoterisches Denkmodell ist die „*magia naturalis*" (natürliche Magie), die besagt, dass der Kosmos ein komplexes beseeltes System ist, das von einer lebenden Energie durchflossen wird. Durch Imagination und Mediationen (Vorstellungskraft und Vermittlungen) und durch spirituelle Autoritäten (Götter, Engel, Meister oder Geistwesen), wird uns die "Idee der lebenden Natur" offenbart.

Wenn wir Alkoholkranke uns der Esoterik zuwenden, so können wir uns dieser zweierlei bedienen. Wenn alles mit der „lebenden Natur" verbunden ist, so können wir die Kraft, die wir brauchen, um trocken zu werden bzw. zu bleiben aus der Natur holen. Es ist also nicht verwunderlich, dass sich einige von uns mit der Heilkraft von Edel- und Halbedelsteinen beschäftigen oder sich mit der Wirkungsweise von Wiesenkräutern anfreunden. Denn sowohl Steine als auch Kräuter können uns ihre Kraft schenken, um unseren geschwächten Körper und Geist zu stärken. Ich habe zum Beispiel viele Freunde, die sich ihr Trinkwasser von einer Quelle oder einem Bergbach holen, weil sie auf die natürliche und besondere Wirkung dieses Wasser schwören.

Andere suchen ihr Heil in der tiefen Meditation, um Kontakt zu Engeln oder Geistern zu bekommen und um sie zu bitten, sie in ihrem Heilungsprozess zu begleiten. Ich habe Menschen getroffen, die sich auch mit Astrologie auseinandergesetzt haben, um zu verstehen wie die Sterne ihr Schicksal bestimmt haben oder noch bestimmen werden (Wann ist der beste Zeitpunkt, um mit dem Trinken aufzuhören? Wann muss ich besonders aufpassen, weil Schicksalsschläge auf mich zukommen, die mich wieder zum Alkohol treiben könnten?).

Auch die Homöopathie kann man in gewisser Weise der Esoterik zuordnen. Zur Herstellung der Arzneimittel werden die Grundsubstanzen einer sogenannten Potenzierung unterzogen, das heißt sie werden wiederholt (meist im Verhältnis 1:10 oder 1:100) mit Wasser oder Ethanol „verschüttelt" oder mit Milchzucker verrieben bis sie nicht mehr nachweisbar sind. Die Vorstellung des deutschen Arztes *Samuel Hahnemann* beruht darauf, dass durch die Potenzierung oder „Dynamisierung" eine „im inneren Wesen der Arzneien verborgene geistartige Kraft" wirksam wird.

Ein weiterer Grund für die Hinwendung zur Esoterik könnte der Rückschluss aus dem Gedanken sein, dass ich, wenn ich Kraft und Einfluss von außen bekomme auch Kraft und Einfluss nach außen abgebe: Wenn ich mich betrinke, so beeinflusst das auch meine Umwelt. Wenn ich betrunken bin, so schädige ich nicht nur mich sondern auch andere.

Auch Co-Abhängigkeit äußert sich nicht nur im Verleugnen der Alkoholsucht des Partner (Elternteil, Kind, Kollegen etc.), im Beschützertum oder in der Kontrolle des Alkoholkranken, oftmals werden Co-Abhängige selbst schwer krank oder übernehmen Symptome (Unlust, Verwahrlosung, Depressionen usw.), die eigentlich zum Alkoholkranken gehören und nicht zum Co-Abhängigen. Viele Freunde, die nicht unter der Alkoholkrankheit leiden, wenden sich von uns ab mit der Begründung: „Der Umgang mit einem *Säufer* tut mir nicht gut". Wir haben oftmals das Gefühl, dass sich eigentlich alles uns entzieht. Es bleibt uns letztendlich nur der Suff und die Saufkumpanen.

Gerade wegen dieser Wechselwirkung „Energie aus dem Universum nehmen und Energie an das Universum zurückgeben" hören viele Alkoholiker, die an die Grundsätze der Esoterik glauben, mit dem Trinken auf, da es aus esoterischer Sicht unvereinbar ist, kraftspendende Energie zu erhalten und kraftraubende Energie zurückzugeben.

7.4 Suchtverlagerung

Ich glaube, es ist nicht nur unser Recht, sondern unsere Pflicht, sich um unser eigenes Seelenheil zu kümmern. Dabei spielt es keine Rolle, ob wir es mit Hilfe einer Therapie, über Gespräche mit Freunden, Familienmitgliedern oder wohlwollenden Bekannten oder alleine im „stillen Kämmerchen" schaffen, Zugang zu unserer Psyche zu finden. Für das tiefe Verständnis unserer Alkoholerkrankung und die dahinter liegende Dynamik sowie für unsere dauerhafte Gesundung ist es unumgänglich, sich mit sich selbst auseinanderzusetzen.

Leider ist es oftmals sehr schwierig, für sich den rechten Zugang zur eigenen Seele zu finden, da wir uns sehr schnell in dem reichhaltigen und fast schon unüberschaubaren Angebot von Therapieformen zurechtfinden. Es kann leicht passieren, dass wir zu *Therapie-Hoppern* werden, also von einem Therapeuten zum nächsten wechseln, ohne dem Therapeuten oder sich selbst die Chance zu geben, tiefer in die eigene Psyche „einzutauchen". Dies liegt auch daran, dass ständig neue therapeutische Methoden auf den Markt drängen und in Fachzeitschriften feilgeboten werden, die eine noch erfolgreichere Heilung versprechen. Ich bin fest davon überzeugt, dass es nicht die eine wahre Therapieform gibt, die uns helfen kann, denn so individuell die Dynamik war, die uns in die Alkoholerkrankung gezogen hat, so einzigartig kann auch die Therapie sein, die uns persönlich hilft, aus dieser Krankheit herauszukommen.

Eine weitere Gefahr, die uns hindert, sich wirklich mit unserem eigenen Seelenheil zu beschäftigen, ist das vielfältige Angebot an therapeutisch - esoterischer Literatur. Bei einem online-Buchhändler habe ich 12.500 Ergebnisse für esoterische Bücher gefunden (derselbe Händler hat in seinem Shop 344 Bücher zum Thema Alkoholismus). Bei einer Internetrecherche kam ich in 0,25 Sekunden auf 12,5 Millionen Einträge zum Thema Esoterik und „nur" zu 0,89 Millionen Einträgen über Alkoholismus.

Gerade diese undifferenzierte Vielfalt kann uns verwirren, so dass wir uns im Lesen und Recherchieren von religiösen, spirituellen oder esoterischen Schriften und Techniken verlieren, anstatt uns um unser eigenes Seelenheil zu kümmern.

„An ihren Taten sollt Ihr sie erkennen!"
(Bibelzitat aus 1. Johannes 2, 1-6)

Es bringt uns bei der Gesundung auf der seelischen Ebene nicht wirklich weiter, wenn wir nur lesen, wir müssen das Gelesene auch verinnerlichen und umsetzen. Ich kenne so viele Menschen, die sich in der therapeutischen Szene wirklich gut auskennen, Leute, die Bücher über das Seelenheil gelesen haben, von dem ich noch nie etwas gehört habe und trotzdem leiden sie seelische Höllenqualen, da sie das Gehörte und Gelesene zwar geistig verstehen, aber auf der seelischen Ebene nicht nachvollziehen können – vielleicht auch nicht wollen.

Wir müssen viel lesen und/oder verschiedene Therapieformen und Therapeuten ausprobieren, doch wenn wir merken, dass uns das Gelesene in der Seele berührt (wir spüren so etwas sofort, denn es macht uns entweder betroffen oder erfüllt uns mit einer einzigartigen Leichtigkeit) oder wenn wir das

Gefühl haben, dass wir uns bei dem Therapeuten und seiner Methode aufgehoben und verstanden füllen, dürfen wir innehalten und mit der Gesundung unserer Seele beginnen. Die Suche hat aufgehört und wir dürfen verweilen.

8. Schlussgedanken

„Wie wurde ich zu der Person, die ich bin?"

Wir sollten uns von dem Gedanken lösen, dass alleine unsere DNA als *Software* für unsere Persönlichkeit verantwortlich ist, nur weil wir heute noch ein paar Prozent (Promille?) Neandertaler-Gen in uns haben. – Können Sie sich vorstellen, wie viele Gene wir dann zum Beispiel von unserem trunksüchtigen Vater und drogenabhängigen Mutter in uns haben? – Aber Gene alleine legen nicht fest, ob wir in unserem Leben an Alkohol erkranken werden.

Geburtsmediziner haben unter anderem festgestellt, dass Infektionen, Stress, Übergewicht durch Bewegungsmangel während der Schwangerschaft und die ersten Wochen nach der Geburt, beim Säugling erhebliche Spuren – meist ein Leben lang – hinterlassen. Physische und psychische Gewalt durch den Partner bei einer schwangeren Frau können sie - derart belasten, dass über biochemische Prozesse auch das ungeborene Kind dauerhaft geschädigt wird. Es ist dann nicht verwunderlich, wenn dieses Kind später unter einem Borderline-Syndrom leidet oder anfällig für Alkohol oder andere Drogen wird (nach *Thomas Ebert*, Neurobiologe).

Auch traumatische Erfahrungen in Kindheit und Jugend beeinflussen dauerhaft unser Verhalten. Es gibt Untersuchungen bei Kindersoldaten in Ruanda, die häufig die Ermordung von Angehörigen ihres sozialen Umfeldes (Großeltern, Eltern, Geschwister, Freunde) erlebt haben oder diese selbst töten mussten. Bei diesen jungen Menschen entwickelte sich eine Art „heißes Gedächtnis", bei dem sich ein assoziatives Schreckensnetzwerk ohne Zeit und Ort ins Gehirn einbrennt (nach *Ebert*).

Zusammenfassend wissen wir daher, dass Geist und Gehirn, Genom und Gesellschaft in komplexer Weise zusammenspielen und das aus uns machen, was wir heute sind. Es ist also nicht überraschend, wenn viele sagen: „Dann ist es ja nicht verwunderlich, dass ich Alkoholiker geworden bin." – Genau! – Das heißt aber nicht, dass ich damit einen Frei-Schein zum lebenslangen Saufen bekommen habe. Vielmehr heißt das, so bin ich zum Alkohol und dieser Krankheit gekommen. Vieles hat mich beeinflusst, als ich noch klein und handlungsunfähig war. Aber jetzt bin ich groß und erwachsen und bestimme mein Leben selbst. Es ist zu einfach, zu schicksalsergeben, die Schulter zu zucken und zu sagen: „Ich kann nichts dafür, dass ich Alkoholiker bin." – Stimmt, ich kann nichts dafür, dass ich zum Alkoholiker geworden bin, aber ich kann etwas dagegen unternehmen.

Mit diesem Buch wollte ich ihnen aufzeigen, dass wir sehr wohl etwas gegen diese Krankheit unternehmen können. Mir ist völlig bewusst, dass es viele Menschen gibt, die einen anderen Weg aus dieser Krankheit gefunden haben und hinein in die Gesundung gegangen sind, ihren Weg!

Auch ist mir der Spruch vertraut: „Der redet sich ja leicht!"

Nein, auch ich war alkoholkrank und habe sehr viele Anläufe gebraucht, um in die Gesundung zu finden. Es lohnt sich wirklich, sich dieser Krankheit bewusst zu werden und sich einzugestehen, dass man ein Betroffener ist und dass man den Mut findet, nicht schicksalsergeben weiter zu trinken, sondern sein Leben selbst in die Hand zu nehmen.

Mit diesem Buch hoffe ich, Ihnen ein Werkzeug in die Hand gegeben zu haben, um Ihr eigener Baumeister Ihres Lebens zu werden, auch wenn wir nicht die optimalen Rohstoffe beim Start hatten, wie beispielsweise glückliche und zugewandte Eltern, die sich und uns lieben und auch wenn wir vermeintlich belastende Genome eines trunksüchtigen Großelternteils in uns tragen oder Misshandlungen und wiederholt abwertende Erfahrungen in unserer Kindheit und Jugend erlebt haben.

Die größten Bauherren sind doch die, die auch mit ungenügenden oder schlechten Bedingungen und auf problematischem Boden, ein beeindruckendes Gebäude hinstellen können.

Es bleibt mir nur zu sagen: „Viel Erfolg bei Ihrem persönlichen Lebensplan und dessen Umsetzung. Lassen Sie sich nicht entmutigen. Es lohnt sich!"

9. Danksagung

9.1 An meine Frau

Eine Freundschaft, eine Beziehung, eine Ehe vergleiche ich gerne mit einer Wanderung auf einen Berg. Zwei Personen verabreden sich und schließen einen Kontrakt der beinhaltet, auf welchem Pfad man einen bestimmten Berg erwandern will. Bei meiner Frau und mir hieß der Berg *Ehe* und mit dem Jawort haben wir beide zugestimmt, den gleichen Pfad einzuschlagen. Diese Wanderung dauert ein Leben lang an, denn wie heißt es schon schön bei der Eheschließung: „… in guten wie in schlechten Zeiten." Als wir uns also gemeinsam auf den Weg machten, stellten wir fest, dass wir beide ein unterschiedliches Schritttempo hatten und es bedurfte einer gewissen Zeit, bis wir unseren gemeinsamen Rhythmus fanden. Ein weiteres Problem war, dass wir zu ganz unterschiedlichen Zeiten Pausen brauchten. So ruhte von Zeit zu Zeit einer von uns, während der andere vorging, um sich zum Beispiel an einer Bergquelle mit frischem Wasser zu erfrischen, um dann wieder gemeinsam weiter zu gehen.

Manchmal war der Weg beschwerlich, da große Felsbrocken ihn versperrten. Einer von uns fand dieses Hindernis spannend und suchte die Herausforderung, während der andere neben dem Weg auf weichen Moosboden schritt. Es gab Abschnitte, da kürzte einer von uns einfach den Weg ab, während der andere die „große Schleife" ging. Es gab Zeiten, da ging einer von uns in den Wald, um Pilze oder Kräuter zu sammeln, während der andere wartete oder langsam vorausging. Aber niemals verloren wir uns aus den Augen.

Mich lockte immer wieder der Alkohol in den Wald, so dass sich meine Frau nicht sicher war, ob ich jemals wieder herausfinden würde. Sie blieb jedes Mal stehen, wartete auf mich oder rief mich, damit ich wieder zurückfinden konnte. Nie ist sie mir in den Wald gefolgt, denn dann hätten wir uns beide verloren. Mit ihrem Warten und ihren Rufen schaffte ich es, obwohl ich zeitweise weit im Wald steckte, wieder zu meiner Frau zu finden.

Für Deine Geduld, für Dein Warten, für Dein Rufen, für Deinen Glauben, dass wir unseren Weg gemeinsam bis zur Bergspitze gehen werden, möchte ich mich aus tiefstem Herzen bei Dir, liebe Nina, bedanken. Bedanken möchte ich mich auch für die drei Kinder, die Du mir geschenkt hast und mir damit bewiesen hast, dass wir, trotz meiner Verirrungen einen gemeinsamen Lebensweg haben.

9.2 An meine Selbsthilfegruppe

„Wir müssen werden, was wir lehren möchten."

Die folgende Geschichte habe ich in dem Buch *„The Six Pillars of Self-Esteem"* von *Nathaniel Branden* gelesen und sie gefällt mir so gut, dass ich sie als Danksagung weitergeben möchte:

»Wenn eine Familie in Indien vor einem Problem steht, ist es nicht die Regel, dass sie einen Psychotherapeuten konsultiert. Sie wendet sich ratsuchend an einen Guru. In einem Dorf gab es einen weisen Mann, der einer bestimmten Familie schon des Öfteren geholfen hatte. Eines Tages erschienen der Vater und die Mutter mit ihrem neunjährigen Sohn bei ihm. Der Vater sagte: „Meister, unser Sohn ist ein wundervoller Junge und wir lieben ihn sehr. Aber er hat ein entsetzliches Problem, eine Schwäche für Süßigkeiten, die seine Zähne und seine Gesundheit ruiniert. Wir haben an seinen Verstand appelliert, mit ihm gestritten, ihn angefleht, mit ihm geschimpft – nichts hilft. Er konsumiert weiterhin Unmengen von Süßigkeiten. Kannst Du uns helfen?" Zur Überraschung des Vaters antwortete der Guru: „Geht nach Hause und kommt in zwei Wochen wieder." Mit einem Guru streitet man nicht; also gehorchte die Familie. Zwei Wochen später standen sie wieder vor ihm und der Guru sagte: „Gut. Jetzt können wir weitermachen." - „Würdest Du uns bitte sagen", fragte der Vater, „warum Du uns weggeschickt und gebeten hast, in zwei Wochen wiederzukommen?" Der Guru antwortete: „Ich brauchte diese zwei Wochen, weil ich auch Zeit meines Lebens eine

Schwäche für Süßigkeiten habe. Ehe ich mich nicht selbst diesem Problem gestellt und es in mir gelöst hatte, konnte ich mich mit eurem Sohn nicht befassen." «

Den Menschen, denen ich an dieser Stelle danken möchte, sind weder Psychotherapeuten noch Gurus. Es sind Menschen wie Du und Ich.

Es sind Leute, die durch die Hölle *Alkohol* gegangen sind und die es geschafft haben, aus der Krankheit in die Gesundung zu kommen. Es sind die Mitglieder einer Selbsthilfegruppe, von denen ich ein Teil bin. Es gab noch nie einen Gruppenabend, an dem ich nicht mit irgendeiner Erkenntnis nach Hause gegangen bin.

Selten waren es ganz spektakuläre, sondern meistens ganz kleine, leise Dinge, die einen Aha-Effekt bei mir auslösten. Dafür möchte ich mich ganz herzlich bei Euch bedanken.

9.3 An meine Lektorin

Im Frühsommer des letzten Jahres waren meine Familie und ich bei einem befreundeten Ehepaar eingeladen, wobei sich im Laufe des Abends eine leidenschaftliche Diskussion darüber entwickelte, was man in seinem Leben noch Sinnvolles machen könne, da wir beruflich erfolgreich und im Vergleich zu Menschen in anderen Ländern gesellschaftlich gut abgesichert seien.

Als ich an die Reihe kam, sagte ich: „Ich würde so gerne ein Buch über die Alkoholerkrankung und deren Gesundung schreiben, da ich Betroffener bin und weiß, wie schwer dieser Weg ist." Die Frage, die ich mir dann stellen lassen musste war, was mich daran hindere. Und so äußerte ich, dass ich weder wüsste, wie man so ein Buch anfangen könnte, wohin das Ganze führe und wie viel Zeit dieses Projekt in Anspruch nehmen werde.

Die Antwort war brutal, entsprach aber der Wahrheit: „Nicht theoretisieren, fang doch einfach an! Du wirst dann schon sehen, wohin dich die Reise führt!" Natürlich hatten meine Freunde damit recht und so musste ich ein härteres Geschütz auffahren, das darin bestand, dass ich mich als Legastheniker outete. Angelika meinte daraufhin, dass dies nun wirklich kein Grund sei, kein Buch zu schreiben, da es erstens heutzutage hervorragende Rechtschreibprogramme gäbe und zweitens sie mich gerne unterstützen wolle, damit ich mein Projekt verwirkliche. So wurde Angelika Thomas-Photiadis meine Lektorin. Jetzt gab es kein Zurück mehr und ich fing an, dieses Buch zu schreiben.

Wichtig war mir bei dieser Arbeit, dass Angelika zu diesem Zeitpunkt kaum mit meiner Alkoholerkrankung und deren Gesundung vertraut war.

Damit hatte ich alle Freiheiten. Sie mischte sich nie in ein Themengebiet ein, machte mir keine Vorschriften und kritisierte einzelne Kapitel bzw. Aussagen nicht.

Angelika las immer wieder Korrektur, wies mich auf Ungereimtheiten oder Gedankensprünge hin, zeigte mir auf, dass dieses zu lang oder jenes nicht nachvollziehbar für sie sei, usw. usf.

Für mich war das die optimale Betreuung, denn ich hatte alle Freiheiten und doch die Gewissheit, dass meine Legasthenie mich nun nicht mehr hindern konnte, dieses Buch zu schreiben. Ohne die Hilfe von Angelika wäre dieses Projekt von mir nie angegangen worden. Dafür möchte ich mich aus tiefstem Herzen bei Dir, Angelika, bedanken.

9.4 An meine Erstleser

Weihnachten 2013 hatte ich die Rohfassung dieses Buches fertig. Ich wollte es veröffentlichen, in der Hand halten, war mir aber noch nicht sicher genug. Daher wählte ich den Weg der alten Philosophen: Ich brachte eine kleine limitierte Vorauflage heraus, um mein Werk mit Freunden und Familie teilen und diskutieren zu können.

Ich danke Euch für Euer Feedback, Eure Kritik, Eure Anmerkungen, Eure Begeisterung und den Mut, den Ihr mir gemacht habt, weiter meinen HeldenWeg zu gehen.

Ganz besonderen Dank möchte ich neben allen anderen Kritikern meinem Schwager Christian Rechmann aussprechen, der sich trotz Beruf und Familie die Zeit genommen hat, nochmals mein Buch auf Rechtschreibung und Logik zu überprüfen.